Lieblingsplätze im Salzburger Land

Lieblingsplätze im Salzburger Land

Franziska Lipp

Autorin und Verlag haben alle Informationen geprüft. Gleichwohl ändern sich Gegebenheiten, daher erfolgen alle Angaben ohne Gewähr. Möchten Sie ein Feedback geben, freuen sich Autorin und Verlag: lieblingsplaetze@gmeiner-verlag.de

Aus Gründen der Lesbarkeit und Sprachästhetik wird in diesem Buch das generische Maskulinum verwendet. Mit der grammatischen Form sind ausdrücklich weibliche sowie alle anderen Geschlechtsidentitäten mit berücksichtigt, insofern dies durch die Aussage geboten ist.

Sofern nicht im Folgenden gelistet, stammen alle Bilder von Jakob Lipp: Paracelsusbad, Christian Wöckinger 42; Mandlberggut 122; Mesnerhaus, Kathrin Buschmann Fotografie 150; Wildkogel-Arena Neukirchen & Bramberg, LUKASBUDIMAIER.COM 176

Recht am Kunstwerk: © Anselm Kiefer 30

QR-Code einscannen und kostenloses E-Book anfordern.

Besuchen Sie uns im Internet:
www.gmeiner-verlag.de

1., überarbeitete Neuausgabe 2023

Im Ehnried 5, 88605 Meßkirch
Telefon 07575/2095-0
info@gmeiner-verlag.de

Lektorat/Redaktion: Anja Kästle
Herstellung: Julia Franze
Bildbearbeitung/Umschlaggestaltung: Susanne Lutz
unter Verwendung der Illustrationen von © SylwiaNowik, askaja, PremiumGraphicDesign, SimpleLine, greens87, lapencia – stock.adobe.com; © Susanne Lutz; © OpenClipart-Vectors – pixabay.com; © mohamed Hassan – pixabay.com
Druck: AZ Druck und Datentechnik GmbH, Kempten
Printed in Germany
ISBN 978-3-8392-0386-6

FLACHGAU

TENNENGAU

PONGAU

LUNGAU

PINZGAU

LIEBLINGSPLÄTZE UND IHRE GESCHICHTE(N)

Beste Aussichten im Salzburger Land

Lieblingsplätze sind so individuell wie jeder einzelne Mensch: Sie spiegeln persönliche Vorlieben wider, sind mit glücklichen Erinnerungen verknüpft oder gehören fest zum Alltag. Ich freue mich sehr, meine Lieblingsplätze mit Ihnen zu teilen. Viele davon verzaubern und begeistern mich seit meiner Kindheit, andere wiederum habe ich spät im Leben entdeckt. Alle aber sind sie es wert, ausprobiert, erwandert und entdeckt zu werden. Auf den folgenden Seiten schildere ich Ihnen auch auf sehr persönliche Weise warum.

Salzburg – das Bundesland genauso wie die Stadt – verfügt über einen enormen Reichtum: Immer wieder erstaunt mich die Vielfalt an Landschaften – von den Seen über die Grasberge bis hin zu den Gletschern –, an kulturellen Veranstaltungen, an Brauchtum und an kulinarischen Genüssen. Jede Region, mitunter sogar jedes Tal, hat seine ganz eigene Charakteristik: Sogar die Dialekte variieren, die Begrifflichkeiten, die Rezepte. Auf einer Fläche von rund 65 Quadratkilometern findet sich eine unglaubliche Bandbreite an schönen und interessanten Orten, aber auch an besonderen Menschen. Sie haben mir dankenswerterweise ihre Türen und Herzen geöffnet, mir Geschichten erzählt und mich in so manches Geheimnis eingeweiht, das ich gerne an Sie weitergebe.

Ein schönes Sprichwort in Salzburg besagt: »Durchs Reden kommen die Leute zusammen.« Und es stimmt. Wer sich die Zeit nimmt, darf sich über inspirierende Gespräche freuen. All diese Menschen – von Bio-Pionieren über Almbauern bis hin zu Haubenköchen – machen Salzburg zu dem, was es ist: Ein Ort voll Vitalität, Musik, Genuss und Achtsamkeit.

Ich lade Sie von Herzen ein, sich auf den Weg zu machen – einmal quer durchs Salzburger Land: vom Flachgau im Norden mit der berühmten Mozartstadt Salzburg über den Tennengau und Pongau bis in den Pinzgau und den Lungau ganz im Süden und »hinterm Tauern«.

Die Auswahl der Adressen ist sehr individuell: Es war mir wichtig, bei den jeweiligen Lieblingsplätzen den Fokus auf deren Besonderheiten zu lenken und kleine Geschichten zu erzählen. Denn »Wissen schafft Bedeutung«: Je mehr wir wissen, umso interessanter werden die Dinge um uns. Und es gibt kaum etwas Schöneres als eine gut erzählte Geschichte etwa über die Wunschglocke am Gerzkopf in Eben, Mozarts wenig bekannte Schwester Nannerl, die in St. Gilgen lebte, oder über den Namensgeber des Marko-Feingold-Stegs in der Stadt Salzburg.

Ein wichtiger Bestandteil in meinem Leben und somit auch in diesem Buch sind die Berge: Sie haben nicht nur das Salzburger Land und seine Historie geprägt, sie prägen überdies die Salzburgerinnen und Salzburger. Ich wage es, hier in einem kollektiven »Wir« zu sprechen: Im Winter zieht es uns auf die Pisten, im Sommer auf die Almen und Gipfel. Die Natur ist ein magischer Ort, der uns zu wandeln vermag.

Auf den Almhütten wird in traditioneller Weise Milchwirtschaft betrieben, es wird gebuttert, gekäst und gebacken, und ich empfehle Ihnen stets eine Einkehr. Hier oben kommen Sie den Ursprüngen des Salzburger Landes wohl näher als irgendwo sonst. Und nichts geht den Salzburgerinnen und Salzburgern über gutes Essen. Machen Sie es ihnen gleich!

Die Bilder in diesem Buch stammen in bewährter Weise von meinem Mann Jakob Lipp, dem mein großer Dank gilt. Ich wünsche Ihnen viel Vergnügen mit den Lieblingsplätzen in der Stadt und im Land Salzburg!

Ihre Franziska Lipp

MOZARTSTADT SALZBURG

Stephan Balkenhols *Sphaera* auf dem Kapitelplatz

1

Mozarts Geburtshaus
Getreidegasse 9
A-5020 Salzburg
+43 (0)662 87422740
www.mozarteum.at

DAS ALTBEKANNTE NEU ENTDECKEN

Mozarts Geburtshaus

Nichts gegolten hat er in Salzburg, am Hofe des Erzbischofs. Sein Talent hat die hohe Herrschaft nicht geschätzt, sein Können nicht angemessen entlohnt. »Wie dilettantisch«, mag man im Nachhinein denken. Damals aber ließ man Wolfgang Amadeus Mozart ziehen. Um ihn Jahre später als großen Sohn der Stadt wieder nach Hause zu holen. Jedoch nur im übertragenen Sinne, denn der Komponist wurde nach seinem Tod am 5. Dezember 1791 am St. Marxer Friedhof in Wien beigesetzt.

Da seine Ruhestätte somit nicht als Pilgerstätte dienen kann, wird dem Salzburger Altstadthaus in der Getreidegasse 9 diese Ehre zuteil. Hier erblickte das »musikalische Wunderkind« Wolfgang Amadeus Mozart am 27. Jänner 1756 als Sohn des Vizekapellmeisters Leopold Mozart und Anna Maria Mozart, geborene Pertl, das Licht der Welt.

Über 300.000 Besucher und Musikliebhaber kommen jährlich. Klug ist, wer die Hochsaison meidet. Das Alleinsein in den Räumlichkeiten ist ein rarer Genuss: Zu Beginn der Ausstellung im dritten Stock empfangen den Besucher gedämpftes Licht, eine von Mozartklängen durchsetzte Stille und ausgesuchte Ausstellungsstücke wie Haarlocken, die Kindergeige, Portraits und Briefe aus dem Nachlass. Die Aura des Genies scheint sich zu einer schier greifbaren Atmosphäre zu verdichten. Die originalen Räume mit dem Geburtszimmer sind unaufgeregt, schlicht und von architektonischer Ursprünglichkeit.

Während man Stockwerk für Stockwerk durch das Haus, über die Außentreppe und den Arkaden-Innenhof nach unten wandert, kommt man dem Komponisten in unterschiedlichen Ausstellungen sehr nah: seinen Lebensumständen, seinem Werk, seinem Tod. Doch der magische Moment ist dann schon wieder lange vorbei: Der war nämlich genau dort, wo man im dritten Stock über die Schwelle in den ersten Raum trat, die Holzdielen unter den Füßen knarzten und Mozart erklang.

Auch Mozarts Wohnhaus am Marktplatz kann besichtigt werden: Hier lebte W. A. Mozart acht Jahre lang, bevor er Anfang 1781 endgültig nach Wien zog.

2

Jos. Mayer Modewaren
Rathausplatz 1
A-5020 Salzburg
+43 (0)662 842263
www.knopferlmayer.
weebly.com

Andrea Eberle
Flagship Store Salzburg
Sigmund-Haffner-
Gasse 5a
A-5020 Salzburg
+43 (0)676 7339434
www.andrea-eberle.com

PARADIES DER KNÖPFE

Knopferlmayer – Jos. Mayer Modewaren

Zwei Jahre war Wolfgang Amadeus Mozart alt, als *Jos. Mayer Modewaren* im Jahr 1758 unweit der Getreidegasse seine Pforten öffnete. Das Sortiment war mehr oder weniger ident mit dem, was es heute hier zu kaufen gibt. Gut möglich, dass Mutter Mozart einst eine Bedienstete schickte, um Nadeln und Faden, Zwirn und Garn, Borten und Bänder, Spitze oder Knöpfe zu besorgen.

Zum *Knopferlmayer* – unter diesem Namen ist er bekannt – kommen viele Stammkunden aus nah und fern. Der kleine Laden mit dem knarzenden Holzboden ist ein wahres Paradies der Knöpfe: Rund 3.500 Modelle liegen in altmodischen Schachteln und nach einem uralten System geordnet, um von Veronika Mayer-Stockinger und ihren Mitarbeiterinnen aus den Regalen gezogen zu werden. Gespannt wartet man, ob sich der verlustig gegangene Knopf wirklich durch einen neuen ersetzen lässt. Und: Überraschung, er kann! Es gibt immer den richtigen Knopf, egal, wie ausgefallen er sein mag.

Veronika Mayer-Stockinger führt das Geschäft in neunter Generation und mit viel Leidenschaft. Beim Einkauf achtet sie nicht nur auf Trends – Knöpfe unterliegen der Mode – sondern auch darauf, dass die Hersteller aus Europa stammen: Die vergoldeten Knöpfe kommen aus Paris, die Viertelgulden-Knöpfe aus Österreich, die Spitze aus Italien.

Der *Knopferlmayer* gehört zu den vielen alteingesessenen Traditionsgeschäften, die das Einkaufen in der Altstadt einzigartig machen: Zu diesen Adressen zählen auch die Confiserie *Josef Holzermayr*, wo es unter anderem herrlich nostalgischen Christbaumschmuck aus Schokolade gibt, die Likör- und Punschmanufaktur *Sporer* mit dem Original Sporer-Punsch, *Jahn-Markl* für feine Wildlederbekleidung, der Juwelier *Anton Koppenwallner* für individuelle Schmuckstücke oder die Schirmmacherei *Kirchtag*.

Salzburg gilt als Welthauptstadt der Tracht: Wem ein Dirndl zu trachtig ist, der gönnt sich bei Andrea Eberle eine *Emma*. Wer einmal so eine Strickjacke besitzt, wird sie nie wieder hergeben wollen.

8

Michael-Sattler-Panorama im Salzburg Museum
Mozartplatz 1
A-5010 Salzburg
+43 (0)662 6208080
www.salzburgmuseum.at

Neuer Standort voraussichtlich ab Mitte 2025: »Orangerie Salzburg – Panorama Museum/Zentrum Welterbe« im Mirabellgarten

EINE 360-GRAD-ZEITREISE

Michael-Sattler-Panorama

Kühe weiden auf den schattigen Hängen der Festung Hohensalzburg, auf einer der Salzach-Sandbänke lodert ein Lagerfeuer und die frische Wäsche wird zum Bleichen auf die Wiesen gelegt. Rund um die Stadt Salzburg türmt sich das Heu zum Trocknen, die Soldaten üben sich im Exerzieren und über den Kapitelplatz zieht eine Prozession. Man kann sich kaum sattsehen am bunten Treiben in der Stadt Salzburg an diesem spätsommerlichen Nachmittag Anfang des 19. Jahrhunderts.

Rund fünf auf 25 Meter ist das eindrucksvolle Panorama groß, das Johann Michael Sattler gemeinsam mit seinen Malerkollegen Friedrich Loos und Johann Josef Schindler in den Jahren 1824 bis 1829 schuf: Gemalt vom höchsten Punkt – der Festung Hohensalzburg – erlaubte es Betrachtern damals einen Blick über die Stadt, die zu diesem Zeitpunkt erst zwei Jahrzehnte zur Donaumonarchie gehörte und dort noch eher unbekannt war.

Heute lädt das Panorama zu einer Zeitreise in eine längst vergangene Epoche und bildet im Kern das ab, was zum UNESCO-Weltkulturerbe zählt: die berühmte Salzburger Altstadt.

Nach seiner Fertigstellung war das Panorama gut zehn Jahre in Europa unterwegs und wurde in zahlreichen Städten ausgestellt: Viele Besucher nahmen es zum Anlass, selbst nach Salzburg zu reisen. Denn sie konnten kaum glauben, dass dieses Ölgemälde auf Leinen die Realität abbilden sollte. So war das Panorama eine Ur-Version von Google Maps und Instagram zugleich, Johann Michael Sattler aber der erste Tourismusbotschafter seiner Heimatstadt.

Noch heute glauben viele, das Panorama wäre eine Kopie. Mitnichten: Es ist das kostbare, mehrfach restaurierte Original, das von Johann Michael Sattlers Sohn dem *Salzburg Museum* übergeben wurde – mit der Auflage, es den Menschen zugänglich zu machen. Was für ein Glück für uns alle!

Das 1834 gegründete *Salzburg Museum* ist das älteste und umfangreichste Museum zur Kunst- und Kulturgeschichte der Stadt: Sowohl Dauer- als auch Sonderausstellungen sind immer lohnenswert.

4
DomQuartier Salzburg
Prunkräume der Residenz
Residenzplatz 1
A-5020 Salzburg
+43 (0)662 80422109
www.domquartier.at

200 JAHRE STILGESCHICHTE

Prunkräume der Residenz im *DomQuartier Salzburg*

Die Residenz diente den Salzburger Erzbischöfen einst als Stadtpalais und war eine einzigartige Zurschaustellung ihrer allumfassenden Macht. Erbaut unter Erzbischof Wolf Dietrich von Raitenau zu Beginn des 17. Jahrhunderts wurde sie von seinen Nachfolgern noch erweitert. Wer hierher kam und um eine Audienz bat, konnte die Räume nicht in seinem eigenen Tempo und Gutdünken durchschreiten: Stundenlang mussten die Gesandten warten, bis man sie auf Geheiß des Erzbischofs vorließ oder wegschickte.

Wer heute das *DomQuartier Salzburg* besichtigt, darf auch die Prunkräume betreten und ahnt schnell, wie einschüchternd dieser demonstrativ zur Schau gestellte Reichtum auf frühere Besucher gewirkt haben muss. Vom Carabinieri-Saal – hier war die bewaffnete Leibgarde des Erzbischofs stationiert – geht es durch die immer wertvoller ausgestatteten Räume Rittersaal, Ratszimmer und Antecamera bis in den Audienzsaal, der den imposanten Abschluss der offiziellen Empfangsräume bildet. Der Privatbereich der Fürsterzbischöfe umfasste das Arbeitszimmer, das Schatullenzimmer, das Schlafzimmer, die Schöne Galerie, den Thronsaal, den Weißen Saal, das Grüne Zimmer und den Kaisersaal.

Sich hier einen Lieblingsplatz zu suchen, fällt schwer: Sowohl in dem Konferenzzimmer als auch im würdevollen Thronsaal fanden Konzerte von W. A. Mozart statt. Venezianische Spiegel, klassizistische Keramiköfen, hochbarocke Deckenstucks mit Blattgold ziehen die Blicke auf sich. Geradezu unaufgeregt wirkt im Kontrast dazu das Grüne Zimmer, das einst als Audienzzimmer für bürgerliche Bittsteller diente. Der Hausaltar in Form eines Tabernakelschranks und die Marmorbüste einer Stadtgöttin lassen nach der prunkvollen Zimmerflucht geradezu aufatmen. Der Museumsrundgang verdeutlicht, wie sehr die Erzbischöfe die Stadt architektonisch geprägt haben.

Für Kinder und Jugendliche bietet das *DomQuartier* spezielle Audioguides, Mitmach-, Rätsel- und Fotostationen, Kreativ-Workshops, Kunstkurse sowie Onlinerätsel für zu Hause.

5

Stiftsbäckerei St. Peter
Kapitelplatz 8
A-5020 Salzburg
+43 (0)662 847898
www.stiftsbaeckerei.at

HIMMLISCH GUTES BROT

Stiftsbäckerei St. Peter

An einem Dienstagmorgen um neun Uhr auf dem Kapitelplatz: Stephan Balkenhols Skulptur *Sphaera* glänzt in der Sonne, ein paar Männer stellen zum ersten Mal an diesem Tag die Figuren auf das Straßenschachbrett.

So weit, so gut. Wäre da nicht das unsichtbare Rauschen eines Baches mitten in der Altstadt und der himmlische Duft von frisch gebackenem Brot aus unbestimmter Richtung. Tatsächlich handelt es sich nicht um Sinnestäuschungen, sondern um die irdischen Versuchungen der ältesten Bäckerei Salzburgs. Seit Mitte des 12. Jahrhunderts wird genau an diesem Standort in direkter Nachbarschaft mit dem Friedhof und den Katakomben Brot gebacken. Mittlerweile ist die Stiftsbäckerei St. Peter die letzte verbliebene Bäckerei in der Altstadt, in der noch in echter Handarbeit Brot und Gebäck hergestellt wird.

Doch das ist nicht die einzige Besonderheit: Wunderbar nostalgisch ist auch der Verkaufstresen, der sich direkt in der Backstube befindet und natürlich das Wasserrad samt der Figur des heiligen Nepomuk am Almkanal. Dieser wurde im Jahr 1140 erbaut und leitet Wasser aus der bayerischen Königsseeache unterirdisch in die Salzburger Altstadt. Seit 2006 wird damit der hauseigene Strom für die Bäckerei erzeugt. Überhaupt geht es in dem Klimabündnisbetrieb sehr bodenständig zu: Das Fichtenholz für den Ofen stammt aus den klostereigenen Wäldern, der Roggen aus dem Mühlviertel.

Gebacken wird an fünf Tagen in der Woche: Morgens kommt das Roggenbrot aus dem Holzofen, das nach einem geheimen Rezept und ohne Geschmackszusätze hergestellt wird. Dann wandern Vinschgerl, Gewürzweckerl, Brioche, Dinkelmilchbrot und Milchbrotzopf über den Tresen. Obwohl liebevoll verpackt, halten sich diese Köstlichkeiten nicht lange: Spätestens am schmiedeeisernen Tor ist man der Versuchung des ersten Bissens schon erlegen.

Jedes Jahr im September kann der Salzburger Almkanal – das älteste Wasserversorgungssystem Mitteleuropas – bei einer Stollenführung »erwandert« werden.

6

Salzburger Heimatwerk
Residenzplatz 9
A-5020 Salzburg
+43 (0)662 844110
www.salzburgerheimat-
werk.at

SCHÖNES (FÜRS) DIRNDL

Salzburger Heimatwerk

Aufmerksamen Beobachtern mag es schnell ins Auge fallen: Die Salzburgerinnen und Salzburger lieben Dirndlkleid und Lederhose. Die Tracht wird sowohl auf dem Land als auch in der Stadt mit größtem Selbstverständnis getragen: zu den Festspielen ebenso wie zum Kaffeehausbesuch oder auf den Rupertikirtag.

Eine Institution, die seit gut acht Jahrzehnten einen wichtigen Beitrag zur Brauchtumspflege und Trachtenliebe leistet, ist das Salzburger Heimatwerk. Unter dem Dach der Neuen Residenz wartet neben vielen anderen schönen Dingen ein wahrer Schatz für trachtige Fashionistas: Mit rund 1.500 Naturstoffen – Leinen, Seide, Baumwolle, Samt, Taft oder Loden – bietet das Heimatwerk die größte Auswahl in ganz Österreich.

Wer sich ein Dirndlkleid selbst schneidern möchte, kann hier aus dem Vollen schöpfen. Wer nicht ganz so versiert an der Nähmaschine ist, der wandert mit den ausgewählten Stoffen eine Etage höher: Im ersten Stock befindet sich das Reich von Schneidermeistern Gabriela Gastelsberger, die seit über 30 Jahren Kundenwünsche erfüllt. Gut 13 Arbeitsstunden stecken in einem maßgeschneiderten Dirndlkleid, in einer kostbaren Goldhaubentracht sogar 45 bis 50 Stunden.

Das Heimatwerk selbst ist eine Genossenschaft und wird als Non-Profit-Unternehmen geführt: Die Verpflichtung zu Erhalt, Pflege und Weiterentwicklung überlieferter Traditionen und der Tracht ist in den Statuten festgelegt. Auch die neu aufgelegte *Salzburger Trachtenmappe* ist hierfür ein wichtiger Fundus, da sie Vorlagen für Salzburger Alltags-, Festtags- und Männertrachten enthält.

Zukunft hat, was sich beständig verändert: Ein Spagat, der dem Heimatwerk besonders gut gelingt. Die Kundinnen danken es mit Freude und Treue. Und so bleibt das Dirndl weiterhin ein Bestandteil des Alltags und des Stadtbildes in Salzburg.

Das Salzburger Heimatwerk ist auch Veranstalter des berühmten *Salzburger Adventsingens*, das alljährlich während der Vorweihnachtszeit im Großen Festspielhaus stattfindet.

7

Schatz Konditorei
Getreidegasse 3
A-5020 Salzburg
+43 (0)662 842792
www.schatz-konditorei.at

MEHLSPEISEN ZUM VERLIEBEN

Schatz Konditorei

Mandelbögen, Schlotfeger und handgetunkte Mozartkugeln, Obers-Soufflé, Kastanienherzen und Nuss-Krokant-Würfel: Man müsste schon von arg widerständischer Natur sein, um diesen süßen Versuchungen zu entsagen. Und ganz ehrlich, wer möchte das schon? Viel lieber gibt man sich den Köstlichkeiten der hohen Konditorkunst hin.

Schlechtes Gewissen wäre eine reine Verschwendung, denn auch wenn es im Café Schatz süß zugeht, wird allerhöchster Wert auf beste Qualität gelegt. Eier, Milch, Butter und Sahne kommen aus der Region: Dass die erlesenen Zutaten fachgerecht verarbeitet werden, dafür sorgt die Familie, die Konditorei und Kaffeehaus seit 40 Jahren und in zweiter Generation führt. Gegründet wurde der Betrieb 1877 von Carl Schatz, dessen Vorfahren das Durchhaus seinen Namen verdankt: Es verbindet den Hagenauerplatz mit der Getreidegasse und zählt zu den architektonischen Besonderheiten der Salzburger Altstadt.

Das kleine Kaffeehaus – eher ein Wohnzimmerchen – duckt sich unter den steinernen Bögen und schon beim Blick in die hübsch gestalteten Schaufenster wird so mancher Gast wieder zum Kind. Drinnen ist das Platzangebot begrenzt: Glücklich, wer an einem der Tische Platz nehmen kann, um sogleich wieder aufzustehen, um die Auswahl in der Vitrine zu begutachten. Sie wollen eine Empfehlung? Wie wäre es mit der berühmten Schatz-Cremeschnitte, die man sogar in Shanghai kennt? Oder einem Stück Rigó-Jancsi-Torte, die nach einem ungarischen Geiger benannt ist? Oder aber eine Kreation des Hauses, ein Stück der Papageno-Torte? Marmorgugelhupf könnte ich auch empfehlen oder die fast vergessene Traunkirchner-Torte oder ein Kaffee-Eclair. Ach was: Treten Sie einfach an die Theke und lassen Sie Ihr Herz entscheiden. Es wird den richtigen, süßen Schatz schon finden!

Lust auf noch mehr traditionelle Salzburger Kaffeehaus-Atmosphäre? Dann probieren Sie unbedingt das Café Tomaselli, das Café Fürst und das Café Bazar.

8
Triangel
Wiener Philharmoniker-
gasse 7
A-5020 Salzburg
+43 (0)664 2509573
www.triangel-
salzburg.co.at
www.triangel-feinkost.at
ANG

ESSIGWURST UND KAVIAR

Wirtshaus *Triangel*

Mitten im Festspielbezirk liegt das Wirtshaus *Triangel*: Eine Adresse, die im Sommer Festspielstars und -besucher ebenso schätzen wie Stammgäste und Touristen das ganze Jahr. Franziska Gensbichler hat 2020 das Zepter von ihrem Vater übernommen und ist seither die Wirtin des *Triangel*.

Warum es zu den Lieblingsadressen zählt? Weil es der vielleicht demokratischste Ort in Salzburg ist: Jeder wird ausnahmslos geduzt und es wird auch für Berühmtheiten nicht anders aufgedeckt. Die Stars hängen im *Triangel* gerahmt und lächelnd an der Wand, werden aber ansonsten behandelt wie alle anderen auch. Das scheinen sie zu lieben, genauso wie das gute Essen, das nicht minder demokratisch ist wie die Umgangsweisen. Da gibt es die Essigwurst ebenso wie den Kaviar von Walter Grüll, das Wiener Schnitzerl ebenso wie die Trüffelpommes, die Kalbsleber ebenso wie die Fischsuppe. Und sogar einen hauseigenen Würstelstand.

Alles ist hier herrlich unkompliziert. Um es auf gut salzburgerisch zu sagen: Es gibt keine Extrawurst. Für niemanden! Außer vielleicht für Studenten, die das Mittagsgericht zu vergünstigten Preisen bekommen.

Draußen nehmen die Gäste an großen Tischen Platz – so kommt man ins Gespräch. Drinnen erscheint das *Triangel* wie ein kleines Museum: Hunderte von Bildern und Autogrammkarten zieren die Wände, Boden und Mobiliar sind gezeichnet von den Jahren. Die wahre Kunst – humorige Sprüche und Bilder auf Tischen und Schildern – stammt von dem Salzburger Maler Reiner Maria Auer und wird beständig erweitert. Da steht zum Beispiel »Jeder Schrecken hat ein Ende« oder »Keine Angst vor starken Frauen«. Das *Triangel* ist mehr als ein Wirtshaus: Es ist ein Ort der Verwandlung. Er macht uns satt, sorgt mit neuen Begegnungen für Inspiration und entlockt uns so ein kleines oder größeres Lächeln. Immer.

Im *Triangel Feinkostladen* direkt daneben gibt's Feines zum Mitnehmen: von der Drei-Hauben-Küche im Glas von *Huber's im Fischerwirt* über Antipasti aus Italien bis hin zu Champagner oder Salzburger Handwerkskunst.

9

Anselm Kiefers **Kunstwerk A.E.I.O.U.** ist Teil des **»Walk of Modern Art«** und steht am Max-Reinhardt-Platz A-5020 Salzburg

Führungen:
Artroom Würth Austria
+43 (0)50 82420
www.kunst.wuerth.com

Museum Würth
Reinhold-Würth-Straße 15
D-74653 Künzelsau
+49 (0)7940 152200
www.kunst.wuerth.com

FÜR LIEBHABER MODERNER KUNST

Kunstprojekt *Walk of Modern Art* – Anselm Kiefers *A.E.I.O.U.*

»Kunst to go« verspricht der *Walk of Modern Art* in der Salzburger Altstadt: Er versammelt 14 Skulpturen und Installationen von 13 zeitgenössischen Künstlerinnen und Künstlern und ist damit ein großartiges Geschenk für interessierte Besucher. Viele Werke sind rund um die Uhr frei zugänglich. So etwa Erwin Wurms *Gurken* am Furtwänglerpark, Markus Lüpertz' *Mozart – Eine Hommage* am Ursulinenplatz oder Marina Abramovic' *Spirit of Mozart* an der Staatsbrücke. Zu den meistfotografierten Kunstwerken zählt wohl Stephan Balkenhols *Sphaera* am Kapitelplatz. Für die Chorkrypta des Salzburger Doms schuf der französische Künstler Christian Boltanski die beeindruckende Installation *Vanitas*: Er hat sich – wie alle anderen eingeladenen Künstler auch – von der Stadt, ihrer Historie und den Gegebenheiten inspirieren lassen.

Anselm Kiefer hat als erster Künstler im Jahr 2002 sein begehbares Kunstwerk *A.E.I.O.U.* realisiert. Der Besuch ist zwar von den Öffnungszeiten abhängig, aber wann immer es möglich ist, gehe ich hinein: wieder und wieder. Wie Kunstwerke auf uns wirken, hat viel mit unseren eigenen Biografien zu tun. Manche berühren uns mehr, andere weniger. Wieder andere werden zu echten Lieblingsplätzen.

Entstanden ist der *Walk of Modern Art* im Zeitraum von 2002 bis 2011 im Rahmen des Kunstprojektes Salzburg, einer Initiative der Salzburg Foundation in Kooperation mit der Stiftung für Kunst und Kultur e.V. Bonn. Seit die Kunstwerke 2013 in den Bestand der internationalen Sammlung Würth übergegangen sind, stehen sie der Stadt Salzburg und damit auch den Besuchern als Dauerleihgabe zur Verfügung. Kunst im öffentlichen Raum ist ein wahres Privileg, aber auch eine Einladung: Nehmen Sie diese unbedingt an.

Der *Walk of Modern Art* kann auch im Rahmen von geführten Touren erkundet werden. Termine, die Standorte der Kunstwerke sowie weitere Infos finden sich unter www.salzburg.info oder in der App *Würth Collection*.

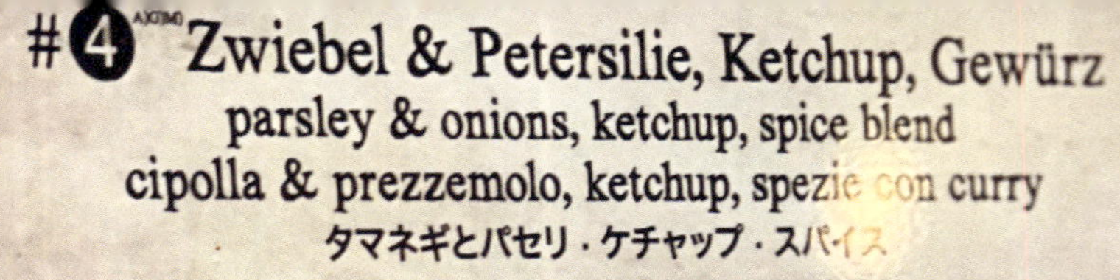

10

1. Salzburger Bosnastand
Walter Balkan-Grill
Getreidegasse 33a
A-5020 Salzburg
+43 (0)662 841483
www.hanswalter.at

SO SCHMECKT NUR DAS ORIGINAL

1. Salzburger Bosnastand

Können Würstel zu einer Legende werden? Sie können! Vor allem in Salzburg, wo Würstelessen Teil des kulinarischen Erbes ist. Wohin geht man gewöhnlich in Frack und Abendkleid nach dem Konzert oder Theater? Ganz klar: Zur *Würstelkönigin* oder zur *Heißen Kiste*.

Der *1. Salzburger Bosnastand* hat zu dieser späten Nachtstunde nicht mehr geöffnet, dafür sonst so gut wie immer und das seit über 70 Jahren. Untergebracht in einem kleinen Kabuff im Stockhamer Durchhaus zwischen der Getreidegasse 33 und dem Universitätsplatz 2 hat es das Bosna zu Weltruhm gebracht. Das Geheimnis des Bosnas – da sind sich die Kenner einig – liegt in der geheimen Gewürzmischung, die Eigentümer und Metzgermeister Hans Walter hütet wie einen Schatz: Die handgeschriebene Original-Rezeptur umfasst acht Komponenten und noch mehr Einzelgewürze und stammt von dem Bulgaren Zanko Todoroff, der in der Nachkriegszeit das Bosna in Salzburg erfunden hat. Das Rezept wurde von ihm an die Nachbesitzerin des Bosna-Standes weitergegeben und von dieser wiederum an Familie Walter, die seit Mitte der 1970er-Jahre den Balkan-Grill betreibt.

Bei Zutaten und Zubereitung wird größter Wert auf Qualität gelegt: Die Würstel werden in der Metzgerei Walter seit Jahrzehnten nach dem gleichen Verfahren und ausschließlich aus österreichischem Fleisch produziert. Die Bosna-Stangerl stammen von einer Salzburger Bäckerei und der Grill ist Schweizer Markenqualität: Damit die Würstel gleichmäßig rösten, werden sie über den Grill gerollt. Verfeinert wird das Original-Bosna mit Zwiebeln, Petersilie und Gewürzen, beim Besteller – der Nummer zwei – ist noch Senf dabei.

Rund 200 bis 250 Kunden kommen täglich an den *1. Salzburger Bosnastand*. Wann diese Würstel am besten schmecken? Eigentlich immer: Man braucht dazu nicht einmal Hunger zu haben!

Vor der Metzgerei Walter im Salzburger Stadtteil Sam (Langmoosweg 1) steht ein Automat, der unter anderem einen Komplett-Bausatz für »Bosna to go« bereithält.

11

Augustiner Bräu
Kloster Mülln
Lindhofstraße 7
A-5020 Salzburg
+43 (0)662 431246
www.augustinerbier.at

TRADITIONELLER BIERGENUSS

Augustiner Bräu

»Bei uns sitzt der Primararzt neben dem Obdachlosen und der Student neben dem Gast aus Japan«, sagt Braumeister Johann Höplinger vom Augustiner Bräu und ein bisschen Stolz klingt in seiner Stimme mit. Und der ist berechtigt: Immerhin ist das Müllner Bräu eine echte Institution bei den Einheimischen, für Gäste hingegen eine attraktive Sehenswürdigkeit.

Vier große Säle mit über sechs Metern Raumhöhe, wunderschönen Jugendstil-Leuchten und holzgetäfelten Decken bieten Platz für bis zu 800 Gäste. Schilder und Plaketten an den Wänden verweisen auf die rund 150 Stammtischrunden, die sich hier regelmäßig einfinden: darunter *Die Z'samgwürfelten* oder *Die Freigänger*.

Im Sommer trifft man sich im Kastaniengarten mit weiteren 1.400 Sitzplätzen. Dazusitzen ist nicht nur erlaubt, sondern eine Pflicht. Ebenso wie die Selbstbedienung: Für das kernig-markante Märzenbier muss erst der Steinkrug am Brunnen von Hand gespült werden, bevor er frisch vom Schankkellner gefüllt wird. Eine kalte oder warme Jause gibt es auch: Im Schmankerlgang bieten regionale Produzenten Köstlichkeiten wie Speckplatten, Steckerlfisch oder Strudel.

Das Müllner Bräu ist durch und durch authentisch und das seit 1621, als die Augustinermönche mit der Gründung des Klosters in Salzburg auch die Brau- und Schankerlaubnis erhielten. 1921 wurde neu gebaut, doch die Braumethoden haben sich seither kaum geändert: Österreichweit einzigartig ist beispielsweise das Kühlschiff im Dachgeschoss zur Abkühlung der Vorderwürze sowie die ausschließliche Abfüllung in Holzfässer. Braumeister Höplinger weiß diese musealen Gerätschaften professionell einzusetzen. Übers Jahr werden rund 18.000 Hektoliter Märzenbier, Fastenbier und Bockbier gebraut. Das meiste davon wird direkt im Müllner Bräu getrunken: von Gästen, die gutes Bier schätzen und sich über jeden Tischnachbarn freuen.

Eine humorige Stadtführung der besonderen Art ist die Historische Bierwanderung durch Salzburg: Sie endet mit einer Jause im Augustiner Bräu.

12

Marko-Feingold-Steg
Am Übergang von Franz-Josef-Kai und Ferdinand-Hanusch-Platz
A-5020 Salzburg

Verein für aktive Gedenk- und Erinnerungskultur APC (Alpine Peace Crossing)
www.alpinepeacecrossing.org

STEG FÜR EINEN BRÜCKENBAUER

Marko-Feingold-Steg

Die Autobiografie von Marko Feingold trägt den Titel *Wer einmal gestorben ist, dem tut nichts mehr weh*. Es ist die Lebensgeschichte eines Mannes, der – 1913 geboren – die unfassbaren Gräueltaten des NS-Regimes in den Vernichtungslagern Auschwitz, Neuengamme, Dachau und Buchenwald am eigenen Leib ertragen hat.

Marko Feingold war ein Mahner und in unermüdlichem Einsatz als Zeitzeuge – ohne Verbitterung, mit feinsinnigem Humor. Tausende von Menschen ließ er an seinem Erlebten teilhaben, immer im Hinblick darauf, dass solcherart nie wieder geschehen dürfe. Über vier Jahrzehnte war Marko Feingold Präsident der Israelitischen Kultusgemeinde Salzburgs und verkörperte wie kein Zweiter das jüdische Leben in Salzburg. Nach seinem Tod im Jahr 2019 fiel die Entscheidung, den Makartsteg ihm zu Ehren umzubenennen.

Für viele ist die Fußgängerbrücke die schönste Verbindung zwischen rechter und linker Altstadt: Sie eröffnet einen traumhaften Blick auf die Barocksilhouette, über der sich weit der Himmel spannt. Unzählige Liebesschlösser wurden in den letzten Jahren von Menschen an ihrem Geländer angebracht: Dass manche wieder entfernt werden, dient – so das Magistrat Salzburg – einzig und allein der Statik.

Gar nicht so weit entfernt vom Marko-Feingold-Steg befindet sich im Andräviertel die 1901 erbaute Synagoge. Es ist ein stiller Ort, beinahe andächtig. Juden hatten es in Salzburg immer schwer: 1498 wurden die letzten aus dem Erzbistum vertrieben, erst 1868 durften sie sich wieder hier ansiedeln. Auch heute ist die Gemeinde mit rund 70 Mitgliedern sehr klein. Jeden Samstag wird Gottesdienst gefeiert. Schulklassen oder Gruppen können die Synagoge nach vorheriger Anmeldung besichtigen und so mehr über das Judentum erfahren. Ganz im Sinne Marko Feingolds.

Im Sommer 1947 flüchteten Tausende von Juden über den Krimmler Tauern nach Italien: Jedes Jahr Ende Juni/Anfang Juli wird dieser Fluchtbewegung im Rahmen einer Wanderung gedacht.

18

Salzburger Marionettentheater
Schwarzstraße 24
A-5020 Salzburg
+43 (0)662 872406
www.marionetten.at

KLEINE FIGUREN SPIELEN GROSS AUF

Salzburger Marionettentheater

»Sold out« – ausverkauft – ist auf den Plakaten in New York City zu lesen, wenn das Salzburger Marionettentheater im Kammermusiksaal des Metropolitan Museum of Art gastiert. Und das kommt gar nicht so selten vor, denn die New Yorker lieben die charakterstarken »Menschlein« aus Salzburg schon seit deren erster Amerika-Tournee 1951/52.

In ihrer Heimatstadt haben es die von Hand geführten Puppen schwerer: Schier übermächtig ist das kulturelle Angebot in der Mozartstadt. Beim Thema Puppentheater rümpfen viele die Nase – zu Unrecht! Seit 1913 verführen die Salzburger Marionetten in die Welt der Musik, der Oper, der Märchen und des Schauspiels: Rund 1.000 verschiedene Puppen spielten, tanzten und sangen »playback«.

Bis zum Tod von Gretl Aicher im Jahr 2012 prägte die Gründerfamilie über drei Generationen die künstlerische Ausrichtung des Theaters: Das Repertoire reicht von Mozarts *Così fan tutte* über *The Sound of Music* bis hin zu *Die Fledermaus*, traditionell an Silvester aufgeführt. Jede Marionette wird mithilfe von zehn bis zwölf Fäden aus zwei Metern Höhe geführt. Diese Kunst beherrschen die Puppenspieler bis ins kleinste Detail: Ihre Ausbildung dauert wie bei einem Instrument viele Jahre, um das Spiel zu perfektionieren. Die Bewegungen der Marionetten wirken so natürlich und »echt«, dass große und kleine Gäste ganz vergessen, dass es sich dabei um Puppen handelt. Seit 2016 ist das Salzburger Marionettentheater aufgrund dieser herausragenden Spielpraxis Teil des immateriellen UNESCO-Weltkulturerbes.

Während der Aufführungen rückt der pompöse Vorstellungsraum – im ausgehenden 19. Jahrhundert einst Speisesaal des Hotels *Mirabell* – in den Hintergrund. Die Figuren – der Vogelhändler aus Mozarts *Zauberflöte*, der Nussknacker oder die Fledermaus – erwachen zum Leben: so echt, dass man am liebsten am Bühnenausgang warten möchte, um ein Autogramm von ihnen zu ergattern.

Die Ausstellung im Foyer des Theaters informiert auch über die Geschichte der Salzburger Marionetten. Für Kinder werden regelmäßig Workshops, verbunden mit einem Vorstellungsbesuch, angeboten.

14
Das einstige **Vogelhaus** beherbergt nun die **Stadtgalerie Museumspavillon**
Mirabellgarten/Bernhard-Paumgartner-Weg
A-5020 Salzburg
+43 (0)662 80723422
www.stadt-salzburg.at
Stadtgalerie
Museumspavillon

Kunst unter der Kuppel

Barockes Vogelhaus

Der Mirabellgarten gehört zu den bekanntesten Sehenswürdigkeiten der Stadt Salzburg: Von der Treppe hinab zum Großen Gartenparterre – sie erlangte durch den Film *The Sound of Music* weltweite Berühmtheit – eröffnet sich die klassische Postkartenansicht auf die Altstadt, die seit 1997 UNESCO-Weltkulturerbe ist.

Fürsterzbischof Wolf Dietrich zu Raitenau (1559–1617) ließ Schloss Altenau 1606 errichten und nach jener Frau benennen, mit der ihn eine große Liebe und 15 Kinder verbanden: Salome Alt. Nach dem Tod des Fürsten wurde das Schloss in Mirabell umbenannt.

Das Vogelhaus unweit der Treppe entstand in der ersten Hälfte des 18. Jahrhunderts anlässlich der barocken Neugestaltung des Gartens. Heute zählt es zu den über 1.000 Objekten des UNESCO-Weltkulturerbes. Es lohnt sich, dieser kleinen architektonischen Perle mehr Beachtung zu schenken. Immerhin zählt das barocke Vogelhaus zu den letzten seiner Art in Europa: Die Balustrade samt Adler besteht aus Untersberger Marmor wie auch die Domfassade, die Kuppel aus engmaschigem Gitter erinnert an klassische Klöppelspitze, der Außenanstrich ist dem hochbarocken Original nachempfunden.

Davon, dass einst exotische Vögel und Kleintiere in dem hübschen Gebäude untergebracht waren, ahnen Besucher nicht mehr viel. Zum Glück, denn es mag wohl recht beengt gewesen sein und hätte unseren Ansprüchen ans Tierwohl nicht genügt. Die letzten Vögel, Schildkröten, Marder und Affen verließen das Vogelhaus in der Zwischenkriegszeit. Heute lädt die Stadtgalerie zu wechselnden Ausstellungen zeitgenössischer Künstler: Sie alle haben einen engen Bezug zu Salzburg. Das kostenlose Angebot wird gut genutzt, bis zu 10.000 Kunstinteressierte besuchen die Ausstellungen jährlich.

Wer exotische Vögel und Tiere in Salzburg beobachten möchte, dem sei ein Ausflug in den Zoo Hellbrunn am südlichen Stadtrand empfohlen: Er gilt als einer der schönsten seiner Art.

15

Paracelsus Bad & Kurhaus
Auerspergstraße 2
A-5020 Salzburg
+43 (0)662 883544
www.paracelsusbad.at

WELLEN IN PERFEKTEN BAHNEN

Paracelsus Bad & Kurhaus

Vergessen Sie alles, was Sie bislang über städtische Bäder wissen oder dort gesehen und erlebt haben. Das 2019 eröffnete *Paracelsus Bad & Kurhaus* kostete 58 Millionen Euro und ist ein wahrer Geniestreich des österreichisch-finnischen Architektenduos Alfred Berger und Tiina Parkkinen in unmittelbarer Nähe des Mirabellgartens. Ist der Eingang noch ebenerdig, führt der Weg in Richtung Wasser stetig nach oben. Die Umkleiden sind Strandkabinen im Nordseelook und das Sportbecken befindet sich, ebenso wie das Sprungbecken samt Boulderwand, bereits auf Augenhöhe mit den Baumkronen der alten Platanen. Eine Etage höher blickt man vom Saunabereich noch weiter: Direkt von den Saunabänken genießt man eine schier unglaubliche Aussicht auf die barocke Salzburger Altstadt und vom Infinity-Pool auf der Dachterrasse sogar bis über die bayerische Grenze.

Dabei fügt sich das moderne Gebäude mit Wellenlinienoptik erstaunlich harmonisch ins Viertel ein. Lichtdurchflutet, mit verblüffenden Sichtachsen, Bullaugen und Fensterfassaden in alle Himmelsrichtungen vermag es sogar die Einheimischen zu überraschen. Hochwertige Naturmaterialien wie Sandstein und finnische Tanne unterstreichen die skandinavisch angehauchte Innenarchitektur des Saunabereichs, unterschiedliche Bereiche für Familien und Ruhesuchende sowie mehrere gastronomische Angebote erfüllen alle Wünsche an einen sportlichen oder entspannten Badetag.

Das beste aber am *Paracelsus Bad & Kurhaus* ist: Bei all dem Luxus bleibt es ein Stadtbad für alle. An Werktagen sind die vier Bahnen des Sportbads zunächst für Schulklassen reserviert und werden über den Vormittag hinweg schrittweise für die Öffentlichkeit »freigegeben«: Das Haus, alle Becken und Saunen sind barrierefrei und die Stadt sorgt für moderate Eintrittspreise.

Im Kurbereich ist man auf das Fachgebiet »Physikalische Medizin und Allgemeine Rehabilitation« spezialisiert. Es werden Moorbäder und -packungen, Massagen, Physiotherapie, Medizinalbäder und noch mehr angeboten.

16

Salzburger Schranne
Mirabellplatz
A-5020 Salzburg
www.salzburgschmeckt.at

Café Fingerlos
Franz-Josef-Straße 9
A-5020 Salzburg
+43 (0)662 874213
www.cafe-fingerlos.at

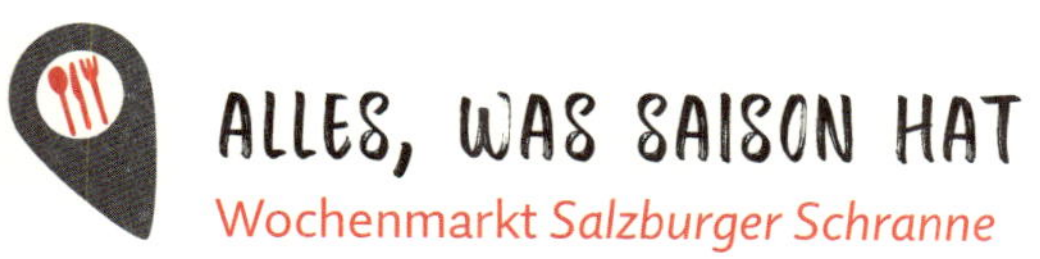

Alles, was Saison hat

Wochenmarkt *Salzburger Schranne*

Für viele Salzburgerinnen und Salzburger gehört der Donnerstag zu den schönsten Tagen in der Woche: Das Wochenende ist nicht mehr weit und am Vormittag ist *Schranne*! Seit 1906 ist sie Salzburgs größter und bekanntester Wochenmarkt – ein Pflichttermin für Einheimische und eine Sehenswürdigkeit für Besucher. Die rund 190 Standlerinnen und Standler haben so gut wie alles im Angebot, was die Herzen passionierter Hobby-Köchinnen und Gourmets begehren. Die meisten Produkte – von den Eierschwammerln über die Schwarzbeeren bis hin zum Spitzkraut – stammen aus Salzburg, dem angrenzenden Oberösterreich oder Bayern, bäuerliches Flair inklusive!

Daneben gibt's internationale Spezereyen wie französischen Ziegenkäse, irischen Lachs, griechisches Olivenöl oder italienische Pasta. Vieles ist von Hand gemacht: so etwa die sagenhaft köstlichen Kaspressknödel und die Bauernkrapfen von Bäuerin Rosa Breitfuß aus Seekirchen. Oder die unwiderstehlichen Käsestangerl und das feine Bio-Ghee von der Käserei *Höflmaier* aus Lochen.

Besonders stimmungsvoll ist die *Schranne* vor hohen kirchlichen Feiertagen wie etwa Weihnachten oder Ostern: Selbst gebundene Türkränze und Mistelzweige finden sich hier ebenso wie die ersten Palmkätzchen, prachtvolle Tulpensträuße oder kleine Butterlämmer zur österlichen Speisenweihe. Alles, was in Salzburgs Haushalten Tradition hat, kann hier gekauft werden.

Wer am Donnerstagvormittag in eines der naheliegenden Kaffeehäuser möchte, braucht Geduld und Glück: Schon an den Eingängen sorgen prall gefüllte Einkaufskörbe und Trolleys für Stau. Denn den krönenden Abschluss eines Schrannenbesuchs bildet natürlich ein Kaffee mit Freunden. Wer hingegen den Köstlichkeiten gleich am Markt erliegt, dem sei ein frisches Backhenderl samt Erdäpfelsalat oder eine Fischsuppe mit einem Glas Prosecco empfohlen.

An vielen Ständen wird ab 12 Uhr »abverkauft«. Ein bisschen später zu kommen, zahlt sich aus, auch wenn man dann nicht mehr die große Auswahl hat.

17

Stadtpfarre St. Andrä
Mirabellplatz 5/1
A-5020 Salzburg
+43 (0)662 8047 805210
www.andraekirche.at

NEOGOTIK IN REINKULTUR

Kirche St. Andrä

Die Kirche St. Andrä fällt völlig aus dem Rahmen, vergleicht man sie mit den kostbar ausgestatteten, barocken Gotteshäusern, die in Salzburg von der jahrhundertelangen Herrschaft der Erzbischöfe zeugen. Die zweitgrößte Kirche Salzburgs ist vergleichsweise jung – sie wurde ab 1892 errichtet und sechs Jahre später eingeweiht – und blickt dennoch auf eine wechselvolle Geschichte zurück. Die Pläne stammten von dem Salzburger Architekten Josef Weßicken – auch bekannt als Mainzer Dombaumeister –, die Ausführung erfolgte unter Stadtbaumeister Jakob Ceconi, der ganzen Straßenzügen im Andräviertel ihr Aussehen verlieh.

Während des Zweiten Weltkrieges wurde die neugotische Kirche beinahe vollständig zerstört, danach in sehr einfacher Form wieder errichtet und 1952 geweiht. Damit nicht genug: Ihre ursprünglichen Spitzhelme, die den Luftangriffen standgehalten hatten, wurden von der Bevölkerung zunehmend als Fremdkörper empfunden und 1970 gegen die kurzen Pyramiden ausgetauscht. Die Fassade wurde dem Stil des gegenüberliegenden Schlosses Mirabell angepasst.

Wer die Kirche betritt, findet sich in einem Gotteshaus wieder, das so gar nicht den gängigen Vorstellungen entspricht. Es gilt, sich darauf einzulassen, denn es ist ein perfektes Beispiel für moderne Kunst und zeigt auf, wie schwer es uns fällt, diese im sakralen Raum zu erleben. Die theologische Konzeption entspricht einer Wegkirche: Das Ziel ist der Altar im Osten. Das Kirchenschiff symbolisiert den Weg dorthin. Die Klarheit der modernen Umsetzung ist beeindruckend – Glasfenster und Hauptaltar sind harmonisch aufeinander abgestimmt.

Eine echte Besonderheit ist der Gnadenstuhl im rechten Seitenaltar: Eines der letzten Monumentalwerke des großen Salzburger Künstlers Jakob Adlhart, von dem unter anderem die berühmten Masken am Großen Festspielhaus stammen.

Die Kirche St. Andrä ist auch spiritueller Raum und ein Ort der Begegnung, in dem vielfältige Veranstaltungen wie Konzerte oder der *Salzburger Advent* stattfinden.

18

Salzburger Filmkulturzentrum DAS KINO
Giselakai 11
A-5020 Salzburg
+43 (0)662 873100
www.daskino.at

EIN ZWEITES WOHNZIMMER

Salzburger Filmkulturzentrum *DAS KINO*

Geht man im Urlaub ins Kino? Unbedingt! Regentage gibt's am Nordrand der Alpen genug und auch wenn der Salzburger Schnürlregen als Sehenswürdigkeit gilt, ist er das perfekte Wetter für einen Kinobesuch. Seit 1978 begeistert *DAS KINO* Cineasten mit einem erlesenen Programm – viele Filme werden im Original mit Untertiteln gezeigt – und es handelt sich dabei um mehr als nur einen sehr persönlichen Lieblingsplatz. Es ist eher ein zweites Wohnzimmer und damit spreche ich wohl vielen Salzburgern aus dem Herzen. *DAS KINO* ist ein Ort, der in Spielfilmlänge verzaubert, unterhält, tröstet und inspiriert.

Als Studentin stand es für mich außer Frage, ein Fernsehgerät zu besitzen. Das galt als viel zu trivial und Mainstream. Was also tun an langen, verregneten Abenden und mit kleinem Budget? Ich ging ins Kino, das dank »10er-Block« leistbar war und mich in fremde Welten entführte. *DAS KINO* war praktischerweise nur einen Steinwurf entfernt und danach ging es sofort wieder nach Hause.

Haben andere Kinogiganten in Salzburg ihre Pforten geöffnet und wieder geschlossen, hat *DAS KINO* mit seinen zwei Sälen die Zeiten überdauert: Weil das Gezeigte außergewöhnlich ist und bei Salzburgs Kinogängern auf Resonanz und größte Zustimmung stößt. So etwa sind die Filmclubs und -reihen beliebt, das Berg- oder Lateinamerika-Filmfestival schon fast legendär.

Im Jahr 2021 wurde *DAS KINO* vom Bundesministerium für Kunst, Kultur, öffentlichen Dienst und Sport mit dem Hauptpreis in der Kategorie »Herausragende Programmarbeit« ausgezeichnet. In der Begründung wurde die »engagierte, vielfältige Programmarbeit im Austausch mit lokalen Institutionen und mit großer intellektueller sowie cineastischer Neugierde« hervorgehoben. Besser kann man es nicht formulieren.

Nach manchen Filmen besteht akuter Redebedarf: Für einen Drink bieten sich das *Wein & Co* am Platzl oder die Steinterrasse im nahen Hotel Stein an. An der *Heißen Kiste* treffen sich Kinogänger auf ein Würstel.

19

Kirche St. Sebastian und Friedhof
Linzer Gasse 41
A-5020 Salzburg
+43 (0)662 875208
www.sankt-sebastian.at

Tourist-Information Service Center
Auerspergstraße 6
A-5020 Salzburg
+43 (0)662 889870
www.salzburg.info

STILLE OASE MIT MORBIDER ELEGANZ

Sebastiansfriedhof

Meistens besuchen Touristen den St.-Peters-Friedhof im Rahmen einer Stadtführung. Gut so, mögen sich diejenigen denken, die den stillen Sebastiansfriedhof vorziehen. Dieser liegt – völlig uneinsichtig von der Linzer Gasse – hinter der Kirche St. Sebastian; und kaum tritt man durch seine Pforten, verebbt der Lärm der Stadt: Munteres Vögelgezwitscher vermischt sich mit dem kehligen Krächzen der Krähen.

Der Sebastiansfriedhof wurde unter Erzbischof Wolf Dietrich von Raitenau in den Jahren 1595 bis 1600 als einer der ersten »Camposanti« nördlich der Alpen errichtet und weist die dafür typischen Merkmale auf: die in sich geschlossene Form von beinahe quadratischen Ausmaßen und der nach innen offene Bogengang mit 88 Grüften. In der Mitte ließ der Erbauer ein Mausoleum im Stil der Spätrenaissance errichten: Die prächtig ausgestattete Gabrielskapelle ist, ebenso wie der Friedhof, ein Repräsentativbau. Auf dem kleinen Pfad dorthin passiert man das Grab von Constanze Weber, Wolfgang Amadeus Mozarts Witwe, in dem auch Vater Leopold Mozart beerdigt ist.

Die Sensation verbirgt sich jedoch in den Arkaden: Die pompösen Grabmäler von Salzburgs Bürgerfamilien zeugen von dem wirtschaftlichen Wohlstand dieser Zeit und sind eine wahre Stilschau von 1600 bis 1850.

Der Architekt und Hofbaumeister Elia Castello fand 1602 hier ebenso seine letzte Ruhestätte wie Philippus Theophrastus Aureolus Bombastus von Hohenheim, besser bekannt als Paracelsus, dessen Grab erst 1752, also 200 Jahre nach seinem Tod, hierher verlegt wurde. Doch auch die gewöhnlichen Familiengruften erzählen Geschichten: Von einjährig verstorbenen Kindern, einem römischen Reichsritter, einer gewesenen bürgerlichen »Bierbräuerin«, dem Leibarzt oder dem zärtlich treuen Gatten. Geschichten, die das Leben überdauern; zu lesen wie Episoden aus längst vergangenen Zeiten.

Gänsehaut zur Geisterstunde: Die rückwärts liegenden Zimmer des Altstadthotels Wolf-Dietrich haben Friedhofblick. Ungewöhnlich, aber auch unvergesslich!

20

Schloss Hellbrunn
Fürstenweg 37
A-5020 Salzburg
+43 (0)662 8203720
www.hellbrunn.at

VORSICHT VOR DEN HIRSCHEN!

Wasserspiele im Lustschloss Hellbrunn

Wasser gilt seit jeher als Quell des Lebens: Kaum jemand aber ließ das Element so humorig und ästhetisch inszenieren wie Erzbischof Markus Sittikus von Hohenems. Im Jahr 1613 begann man mit dem Bau des Lustschlosses Hellbrunn nach dem italienischen Vorbild einer »Vorstadtvilla«.

Der erzbischöfliche Lustort sollte Heiterkeit versprühen und der Modekrankheit Melancholie entgegenwirken. Geht man heute zum Salzwasser-Floating oder ins Spa, versprachen im 17. Jahrhundert die Wasserspiele mit Brunnen, Grotten und Wasserautomaten Genesung von zu viel Grübelei. Denn der Erzbischof verschonte niemanden mit seinen feucht-fröhlichen Späßchen – schon gar nicht seine illustre und erlesene Gästeschar.

Noch heute nehmen Besucher ahnungslos auf den steinernen Hockern um den Fürstentisch im Römischen Theater Platz: Und springen – lachend und kreischend – mit nassem Hosenboden wieder von ihren Sitzplätzen hoch. Ab nun ist der Bann gebrochen: Wasserdüsen werden an den Wänden und auf den Böden gesucht. Doch der Erzbischof war erfinderisch und ein Technik-Freak seiner Zeit.

Übersehen Sie also nicht die Hirsche am Eingang – oder besser am Ausgang – der Neptun-Grotte, auch wenn Sie noch in der Erinnerung an die durch Wasserkraft erzeugten Vogelstimmen in der venezianischen Spiegelgrotte schwelgen. Ein weiterer Höhepunkt ist das originale Mechanische Theater mit der Darstellung einer barocken Kleinstadt von 1750 mit mehr als 100 beweglichen Holzfiguren und hydraulischer Orgel.

Das Ambiente von Hellbrunn gehört mit zum Schönsten, was Salzburg zu bieten hat: Anstatt sich an streng geometrische Formen zu halten, passte man die Schlossanlage samt Park, Wasserspielen, Monatsschlössl und Steintheater den natürlichen Gegebenheiten an. Und so hat man auch nach über 400 Jahren immer noch das Gefühl, lustwandelnd der Melancholie entrinnen zu können.

Rund um den Hellbrunnerberg erwarten Besucher weitere Höhepunkte: das Monatsschlössl mit dem Volkskundemuseum, das Steintheater sowie der Zoo Salzburg.

FLACHGAU

Schloss Fuschl in Hof bei Salzburg

21
Untersbergbahn
Dr. Friedrich Ödlweg 2
+43 (0)6246 724770
A-5083 Grödig-Gartenau
www.untersbergbahn.at

VON DEN GÄNSEGEIERN AM GEIERECK

Untersberg (1.805 m)

Vornehme Zurückhaltung scheint dem Untersberg fremd: Wer auf der Autobahn A8 von München in Richtung Salzburg fährt, wird schon aus der Ferne von dem mächtigen Bergmassiv begrüßt. Während dieses von nördlicher Seite noch recht sanft wirkt, zeigt es auf der Südseite sein schroffes Gesicht mit kantigen Flanken und steil abfallenden Felswänden. Wie ein Riese scheint der Untersberg über die Gemeinden zu seinen Füßen und die nur sieben Kilometer entfernte Stadt Salzburg zu wachen.

Und seit Menschengedenken beschäftigt er die Gemüter: Während die Sage davon erzählt, dass Karl der Große im Inneren des Berges auf Erlösung wartet, treffen sich Mystiker noch heute auf den Anhöhen, um ihre Naturrituale zu vollziehen. Gerüchten zufolge soll sogar der Dalai Lama den Untersberg als »Herzchakra« Europas bezeichnet haben. Bergsteiger lieben die Anforderungen eines hochalpinen Geländes, Höhlenforscher das zerklüftete Gestein, Skifahrer und Skitourengeher die 7,5 Kilometer lange Abfahrt im Winter.

Der beste Grund, um den Untersberg zu erobern, ist die sagenhafte 360-Grad-Aussicht: Rauf geht's seit 1961 bequem mit der Untersbergbahn, die über die Jahrzehnte hinweg beständig erneuert wurde. Auf der nur 8,5 Minuten dauernden Fahrt in den Panorama-Gondeln wird eine Differenz von 1.320 Höhenmetern überwunden und es eröffnen sich einzigartige Tiefblicke auf die darunterliegenden Spielwiesen der Gämsen. Oben angekommen gibt es zahlreiche Wandermöglichkeiten, etwa zum Salzburger Hochthron oder zur Zeppezauerhütte. Nur rund zehn Minuten dauert der Anstieg zum Geiereck: Hier lassen sich die Gänsegeier des nahen Zoo Salzburg bei ihren Flugübungen beobachten. Blauer Enzian wächst am Wegesrand, Kinder werfen im Juli Schneebälle und die Flugzeuge am Salzburg Airport wirken wie Spielzeug. Noch näher können Stadt und hochalpines Gipfelglück nicht zusammenrücken.

Seit Herbst 2022 führt der Sepp-Forcher-Steig vom Zeppezauerhaus auf den Salzburger Hochthron: Er ist nach der Fernsehlegende Sepp Forcher benannt, der auch Hüttenwirt am Untersberg war.

22

Marienheilgarten neben der Wallfahrtskirche Großgmain
Josef-Meinrad-Straße 480
A-5084 Großgmain
www.marienheilzentrum.org

NATUR GEWORDENE ZAHLENMYSTIK

Marienheilgarten

Möglicherweise hat es mit der Vertreibung aus dem Paradies zu tun, dass Menschen Gärten anlegen und sich gerne in ihnen aufhalten. Diese Oasen sind Orte der Ruhe und der Kontemplation. Man scheint sich selbst näher zu kommen: Und das ist auch die Absicht, die hinter dem Konzept des Marienheilgartens steckt, der Natur und Philosophie, Religion und Mythologie, Astrologie und Numerologie zu verbinden versucht. Eine bunte Mischung, mag man denken! Wie passt das alles zusammen?

Nun, wer es ganz genau wissen möchte, holt sich das Info-Blatt am Eingang des Gartens. Darin wird erklärt, von welchen Ideen sich die Erschaffer leiten ließen: Das religiöse Zentrum des Gartens neben der Kirche bildet die Madonna Sophia-Maria. Das ringförmige Beet um die Statue stellt die zwölf Tierkreiszeichen dar und bildet das Horoskop des Einweihungsdatums des Gartens ab. Auch die biblische Zahlenmystik findet ihren Niederschlag: Der Garten ist 19 Meter breit und doppelt so lang. Was dahinter steckt? Die drei göttlichen Tugenden Glaube, Liebe und Hoffnung ergeben zusammen mit den vier irdischen Tugenden Weisheit, Mäßigung, Tapferkeit und Gerechtigkeit die heilige Zahl 7, die sich in den Wochentagen oder den Sakramenten widerspiegelt. Addiert man diese Ziffer mit der vollkommenen Zahl Zwölf – 12 Monate, 12 Apostel – ergibt sich daraus die 19.

Doch kommt man sich dabei selbst wirklich näher? Das findet man am besten heraus, indem man die Besucherinnen und Besucher beobachtet: Ich sah zwei Hobbygärtnerinnen, die fachkundig über die Blumen diskutierten. Der Hund eines Besuchers bellte freudig, als er am Brunnen an der Marienstatue eine Schale Wasser erhielt. Und zwei verliebte Teenager unter der Birke hatten nur Augen für sich: Menschen in diesem Garten tun, was Menschen auch in anderen Gärten tun. Aber vielleicht ein wenig achtsamer.

Die Tafelbilder des unbekannten »Meisters von Großgmain« im Altarraum der Kirche zählen zu den wertvollsten spätgotischen Kunstschätzen Österreichs.

23

Salzburger Freilichtmuseum
Hasenweg 1
A-5084 Großgmain
+43 (0)662 850011
www.freilichtmuseum.com

ARCHITEKTUR IM WANDEL DER ZEIT

Salzburger Freilichtmuseum

Auch wenn das Salzburger Freilichtmuseum das größte seiner Art im Bundesland ist, könnte das 50 Hektar große Areal mit Leichtigkeit zu Fuß erkundet werden. Doch wer will das angesichts dieser einspurigen Verlockung? Seit 2010 die hübsche, laut tutende und barrierefreie Museumsbahn in Betrieb genommen wurde, zieht es kleine und große Besucher wie magisch an die Haltestelle Flachgau, von wo es über die 1,7 Kilometer lange Strecke rumpelnd, ratternd und quietschend bis zur Haltestelle Pongau geht. Museumsbesucher stehen lachend und winkend an Bahnübergängen und man fühlt sich um 100 Jahre zurückversetzt: Eine längst vergangene architektonische Kulturlandschaft zieht im gemächlichen Takt der Feldbahn vorbei – vom Bauernpeterhaus aus dem Jahr 1598 mit dem k. k. Gendarmerieposten über das Tennengauer Prähausen-Häusl samt Schusterwerkstatt bis hin zum Pongauer Taxbauernhaus, dessen Bewohner ihren Hof 1732 während der Protestantenverfolgung verlassen mussten.

Jeder der 100 Originalbauten erzählt eine Geschichte: über das Leben in Salzburg quer durch sechs Jahrhunderte. Vielfach ohne Strom, unter den harten Lebensbedingungen im Innergebirge und mit mehreren Generationen unter einem Dach. Nicht selten ist es der Geruch des alten Holzes, der schon beim Betreten eines Hauses die Fantasie anregt. Detailreich gestaltete Dauerausstellungen tragen ihren Teil zum Erlebnis bei: so etwa jene über Mausefallen im steingemauerten Anthofer-Getreidespeicher neben dem Abrahamhof im entlegenen Lungau.

Zurück im Flachgau führt kein Weg an der kleinen Krämerei im Wörndl-Austraghaus vorbei: Das gut sortierte Sortiment von Naschwerk über Flaschenbürsten und hölzerne Zitronenpressen bis hin zu Fußabstreifern und Spielzeug kann mit modernen Zahlungsmitteln erworben werden. Die Zeit des Schilling ist definitiv vorbei!

Altes Handwerk und *Auf die Alm* heißen nur zwei der Museumsführungen. An vielen Sonntagen gibt es die Führung *Alltagsgeschichten am Sonntag*, an der man ohne Anmeldung teilnehmen kann.

24

Wallfahrtsbasilika Maria Plain
Plainbergweg 38
A-5101 Bergheim
bei Salzburg
+43 (0)662 4501940
www.mariaplain.at

GOLDEN GLÄNZT DIE LIEBE IN D-DUR

Wallfahrtskirche Maria Plain

»Maria Ploa« nennen die Salzburger liebevoll ihre schönste Wallfahrtskirche, die schon allein durch ihre Lage hoch über Bergheim so viel Würde ausstrahlt, dass man sich ihr nur mit gesenktem Haupt nähern möchte. Oder aber mit hoch erhobenem Kopf, um nur ja nichts von ihrer Makellosigkeit zu übersehen. Der Zauber dieses Platzes mit dem grandiosen Blick auf die Salzburger Bergwelt und bis nach Bayern zieht seit jeher Menschen in seinen Bann.

Dass sich der Plainberg vor fast 400 Jahren in eine Wallfahrtsstätte verwandelte, hat mit dem Gnadenbild *Maria mit dem Jesuskind* zu tun, das ursprünglich aus dem niederbayerischen Ort Regen stammte. Dort war es während des Dreißigjährigen Krieges bei einer Brandschatzung wie durch ein Wunder unbeschädigt geblieben und wurde zum Inbegriff von Trost, Hoffnung und Zuversicht. 1652 gelangte es durch seinen Besitzer Rudolf von Grimming nach Salzburg, musste später jedoch wieder zurückgegeben werden. Zwei Jahre nach der Einweihung der Kirche am 12. August 1674 blieb das sternenumschmückte Gnadenbild endgültig in Maria Plain. Mit seinem Platz am Hochaltar bildet es den Mittelpunkt der Kirche, die so viel Ruhe und Kraft ausstrahlt und von einem Farbglanz aus Gold, Weiß und Blau erfüllt zu sein scheint.

Auch die Familie Mozart pflegte eine innige Beziehung zu Maria Plain: Wolfgang und Nannerl legten Überlieferungen zufolge ihre Osterbeichte hier ab, Vater Leopold ließ zur Fürbitte für einen guten Reiseverlauf des Öfteren Messen lesen. Diese enge Bindung mag auch der Grund für ein Gerücht sein, das sich hartnäckig hielt; nämlich dass W. A. Mozart seine Krönungsmesse zur Einweihung von Maria Plain komponiert habe. Wahrscheinlicher war es aber seine *Missa brevis in D-Dur* (KV 194), die anlässlich des Maria Plainer Jubiläumsfests im Jahr 1774 entstanden ist. Ein wahrhaft schöner Trost.

Es lohnt sich, zu Fuß zur Kirche hinaufzugehen: Der Kalvarienberg wurde unter Fürsterzbischof Johann Ernst Graf Thun (1643–1709) angelegt und ist mit vier Kapellen Teil des barocken Ensembles.

25

Sankt Pankraz
Schlössl 5
A-5151 Nussdorf
am Haunsberg
www.pfarre-nussdorf.at

Wirtshaus Schlössl
Schlössl 5
A-5151 Nussdorf
am Haunsberg
+43 (0)6272 41210
www.wirtshaus-schloessl.at

WO EINST DER URWAL SCHWAMM

Kirche Sankt Pankraz

»Das sieht ja aus wie in Italien«, so der spontane Ausruf einer jungen Frau, die sich dem Torborgen des Mesnerhauses nähert. Und sie hat recht: Verwunschen und romantisch ist der Weg, der sich buckelig an den feuchten Felsen schmiegt. Er führt zu einem Kleinod auf der westlichen Seite des Haunsberges: zur Kirche St. Pankraz, die unter Fürsterzbischof Johann Ernst Graf von Thun in den Jahren 1706 bis 1707 erbaut wurde. Wie auf einem kleinen Balkon thront das leuchtend gelbe Gotteshaus über dem Nussdorfer Ortsteil Schlössl.

Die barocke Kirche ist Teil eines geschlossenen Gebäudeensembles, das man durch den alten Torbogen betritt und das aus dem Mesnerhaus, dem Salettl und dem einstigen Burgfelsen besteht. Blumentöpfe zieren die Treppenstufen zum Portal, die Tische sind nah an die dicken Kirchenmauern gerückt, die die Sonnenwärme speichern. Dieses Kleinod ist ein wahres Schmuckstück für Festlichkeiten jeglicher Art.

Hoch ragt hinter dem Gotteshaus der steile Felsen auf, auf dem noch Bruchstücke der Burgruine Haunsperg zwischen den Bäumen erkennbar sind. Archäologischen Funden zufolge befanden sich schon in der Bronzezeit Siedlungen an dieser Stelle: Die glatt geschliffenen Felsen deuten möglicherweise auf einen heidnischen Kultplatz hin, an dem Fruchtbarkeitsrituale gefeiert wurden. Diese sogenannten »Rutschfelsen« finden sich vielerorts im gesamten alpenländischen Raum.

Noch weiter zurück in die Geschichte des mystischen Haunsberges begibt sich, wer hinter dem Parkplatz den rund drei Kilometer langen Geologie-Lehrpfad durch den Kroisbachgraben erwandert: Dieser ist eine für Europa bedeutsame Fossilienfundstätte aus dem Paläozän vor rund 65 bis 55 Millionen Jahren. Mitte des 20. Jahrhunderts wurden hier versteinerte Schnecken und Seeigel gefunden, ebenso wie ein fünf Zentimeter großer Zahn eines Urwals.

Das Wirtshaus Schlössl verfügt seit 1876 über eine Schanklizenz: Serviert werden hausgemachte, saisonale Gerichte in den Stuben und rund um die Kirche.

26

Stille-Nacht-Kapelle
Stille-Nacht-Platz 1
A-5110 Oberndorf
www.stillenacht.com

Tourismusbüro Oberndorf
Stille-Nacht-Platz 7
A-5110 Oberndorf
+43 (0)6272 4422
www.salzburger-seenland.at

»Alles schläft, einsam wacht«

Stille-Nacht-Kapelle

Am 24. Dezember 1818 erklang das weltberühmte Weihnachtslied *Stille Nacht! Heilige Nacht!* zum ersten Mal: gesungen von dem Salzburger Hilfspfarrer Joseph Mohr, der den Text dazu schon 1816 im Lungau als Gedicht verfasst hatte, und dem Lehrer und Organisten Franz Xaver Gruber, der die unvergleichliche Melodie komponierte. Das Lied beschreibt das Wunder der Weihnacht, erinnert in seiner Schlichtheit an ein Wiegenlied und spendete Trost in einer Zeit, in der ihn die Menschen mehr als alles andere benötigten.

Das Lied entstand vor dem Hintergrund der Napoleonischen Kriege, die Europa über zwei Jahrzehnte lang verwüstet hatten. Neue Grenzziehungen hatten Familien und Länder auseinandergerissen: Oberndorf wurde von der wohlhabenden Schifferstadt Laufen getrennt und gehörte plötzlich zu Österreich. Die Menschen standen vor dem Nichts, litten unter Hunger, Angst und traumatischen Erlebnissen. *Stille Nacht! Heilige Nacht!* sollte Hoffnung schenken und verdeutlichte auch den übergroßen Wunsch der Menschen nach Frieden. Vielleicht ist dies das wahre Geheimnis des Liedes: Immerhin wird es von rund zwei Milliarden Menschen weltweit und in über 300 Sprachen und Dialekten gesungen. Doch nirgendwo spürt man den Zauber des Liedes so stark wie in Oberndorf, dem Ort seiner Entstehung.

Berühmt ist vor allem die Gedenkfeier alljährlich am 24. Dezember in der Stille-Nacht-Gedächtniskapelle, die in den 1930er-Jahren errichtet wurde. Doch schon während der Adventszeit lohnt sich ein Besuch: Das neue Stille-Nacht-Museum befindet sich im alten Pfarrhof und tausende Briefe werden vom Stille-Nacht-Sonderpostamt um diese Zeit in die Welt versandt. Unweit davon – am Salzachdamm – genießt man einen gigantischen Blick auf die Salzburger Alpen und nach Laufen auf bayerischem Boden.

Sie wollen mehr über das Weihnachtslied erfahren? Mein Buch *Stille Nacht! Heilige Nacht! Auf den Spuren des beliebtesten Weihnachtsliedes der Welt* beleuchtet Hintergründe und Orte rund um das Lied.

27

Benediktinerabtei Michaelbeuern
Michaelbeuern 1
A-5152 Dorfbeuern
+43 (0)6274 8116
www.abtei-michaelbeuern.at

Mystische Welt hinter Klostermauern

Benediktinerabtei Michaelbeuern

Dumpf hallte es durch das Refektorium, wenn im Mittelalter ein Reisender an die Küchenpforte des einsam gelegenen Stifts Michaelbeuern im nördlichen Flachgau klopfte. Abgewiesen wurde niemand: Das kleine Almosentürl auf Brusthöhe wurde jedem geöffnet, um einen Teller Suppe oder einen Kanten Brot durchzureichen. Heute ist diese älteste Tür im romanischen Stiftsgebäude längst keine Außenpforte mehr: Seit seiner Gründung im 8. Jahrhundert wurde das Kloster mehrfach verändert und vergrößert.

Das Refektorium (der Speisesaal) und der Kreuzgang zählen zu den ältesten Teilen, die im Rahmen einer Klosterführung besichtigt werden können. Die Erzählungen von Pater Michael scheinen dabei wie aus einer anderen Welt: fremd, spirituell und dennoch humorvoll. Fragen sind erlaubt und erwünscht. Die Bruderschaft von rund einem Dutzend Mönchen – Priester und Fratres – lebt und arbeitet noch heute nach den Regeln des Benedikt von Nursia. Der Tag beginnt mit dem Chorgebet um 6 Uhr früh, danach trifft man sich zu vier weiteren Gebetszeiten. An Werktagen findet jeweils um 7 Uhr ein Gottesdienst in der Marienkapelle oder Stiftskirche statt.

Das Kloster strahlt Ruhe und Geborgenheit aus; seine Mauern scheinen durchtränkt von Geschichte und Gebeten. Die Lust, wieder einmal Umberto Ecos Roman *Der Name der Rose* zu lesen, packt einen spätestens, wenn man die abgedunkelte Bibliothek betritt: Dieser schöne und geheimnisvolle Raum beherbergt einen kostbaren Bücherschatz von rund 15.000 Bänden, die vorwiegend aus dem 17. und 18. Jahrhundert stammen. Darunter zwei besonders wertvolle Handschriften: die Walther-Bibel der Salzburger Buchmalerei von 1130 und ein im Stift verfasster liturgischer Chorgesang aus dem Jahr 1458. Einen weiteren Höhepunkt der Führung bildet der prunkvolle Abteisaal mit seinem prachtvollen Deckenfresko und der ganzen Farbenpracht des Rokoko.

Ab dem Sonntag nach Ostern bis Ende Oktober werden jeden Sonntagnachmittag Führungen durch das Kloster mit seiner beinahe 1.000-jährigen Geschichte angeboten.

28

Informationen zum **Bio-Dorf Seeham** erteilt der **Tourismusverband Seeham**
Dorf 12
A-5164 Seeham
+43 (0)6217 5493
www.seeham-info.at

BioParadies SalzburgerLand
+43 (0)662 66880
www.salzburgerland.com

SO LEBT ES SICH VOLL BIOLOGISCH

Bio-Dorf

»Am Anfang war das Heu« – so könnte die Geschichte von Seeham beginnen, diesem malerischen Ort am Ufer des Obertrumer Sees, das zu Österreichs erstem Bio-Dorf avancierte. Vor über 25 Jahren verständigten sich 13 Landwirte darauf, zum Schutz der kostbaren Ressource Boden die Bio-Heu-Region Trumer Seenland zu gründen. Heute bilden 240 Betriebe in 27 Gemeinden eines der letzten und größten zusammenhängenden Gebiete Europas, in denen traditionelle Heuwirtschaft betrieben wird. Seeham ist eine dieser Gemeinden: Hier liegt der Anteil der Bio-Landwirte bei 80 Prozent. Alle Kinder in Kindergarten und Volksschule werden zu 100 Prozent biologisch verköstigt und das Bekenntnis zu bio gründet auf einem ganzheitlichen Ansatz, der alle Teile des Lebens umfasst und dem Ort zahlreiche Auszeichnungen beschert.

Wer im Sommer durch Seeham radelt oder spaziert, wird die großen, duftenden »Heuriedel« auf den Wiesen sehen. Um Heu zu machen, braucht es viel Erfahrung, Geduld und beständiges Wetter. Es sind die allerschönsten Tage des Jahres. Der Geruch von Heu verführt zum Träumen oder – fast noch besser – zu einem Picknick in der Natur: Die Körbe werden für Gäste liebevoll mit feinen Bio-Produkten wie Bio-Heumilchkäse oder dem Seehamer Apfelsaft bestückt. Auf Vorbestellung stehen auch Leih-E-Bikes vor dem Tourismusbüro parat. Dann geht es beschwingt durch Wälder und über sanfte Hügel, zum alten Brechelbad und in den Teufelsgraben, ins Strandbad oder für Kunsthandwerk in die *Natur Schmiede*. Allerorts gibt es stille Plätzchen mit herrlichen Panoramablicken ins Alpenvorland, die Sommerfrischler schon vor 150 Jahren genossen.

Seit 2022 verfügt Seeham mit dem *BioArt Campus* über ein Haus, das sich ganz dem Bio-Thema widmet: Hier finden sich Bio-Laden, Café, Manufakturen, Genuss- und Denkwerkstatt unter einem Dach.

Wer Lust auf Bio-Urlaub hat, liegt, wohnt und isst bei den engagierten Gastgebern vom *BioParadies SalzburgerLand* genau richtig. Alle Adressen finden sich unter www.bioparadies.salzburgerland.com.

29

Wiegeliege am Buchberg
oberhalb des
Gasthofs Alpenblick
Wallmannsberg 2
A-5163 Mattsee
+43 (0)6217 5389
www.alpenblick.com

Tourismusbüro Mattsee
Passauer Straße 30
A-5163 Mattsee
+43 (0)6217 6080
www.salzburger-seenland.at

Auf dem Wildgemüseweg zur Wiegeliege

Buchberg

Wer aus den Salzburger Gebirgsgauen kommt, hat ja so seine Zweifel, ob es in Mattsee – mitten im Salzburger Seenland – wirklich einen Aussichtsberg geben kann. Die Höhenangabe von 801 Metern wirkt etwas mickrig im Vergleich zu den vielen Zwei- und Dreitausendern im Süden des Bundeslandes. Doch der Mattseer Hausberg hat einen großen Vorteil. Durch seine Alleinlage bietet er einen überraschend weiten Blick ins Land: auf den Ort Mattsee mit dem 60 Meter hohen Kirchturm, die Trumer Seen, die Stadt Salzburg samt Festung und auf mehr als 120 Gipfel vom Höllengebirge bis zu den Loferer Steinbergen.

Da der Buchberg landwirtschaftlich genutzt wird, kann er auf wenig befahrenen Straßen auch mit dem Rad oder Auto erkundet werden: Ab- und aussteigen lohnt sich immer wieder. Etwa am idyllischen Naturschutzgebiet Egelseen, das seinen Ursprung im eiszeitlichen Salzachvorlandgletscher hat und ein Paradiesgärtlein für Alpen-Wollgras und Orchideen ist.

Wanderern vorbehalten sind die sechs Themenwege, die sternförmig über sanfte Wiesen und lichte Mischwälder in Richtung Gipfel führen und dort in den Rundwanderweg münden. Das Gipfelplateau gehört zu den ältesten Siedlungsplätzen im Flachgau: Bereits in der Späten Bronzezeit (1300 bis 800 v. Chr.) lebten hier Menschen. Zur Befestigung angelegte Wälle und Gräben sowie Grabhügel finden sich noch vielerorts am Buchberg.

Ein besonders schönes Plätzchen erwartet Wanderer an der Wallmischkapelle nur wenige Gehminuten oberhalb des Gasthofs Alpenblick. Hier am Endpunkt des Wildgemüseweges, des Sagenweges und des Vogelweges lädt eine verführerische Schaukel-Wiegeliege unter hohen Bäumen dazu ein, sich niederzulassen. Die Wahl fällt schwer: Den Blick in die Ferne schweifen lassen oder einfach die Augen schließen und dem Vogelgezwitscher lauschen? Mein Rat: alles in dieser Reihenfolge!

Wer länger als nur einen Tag unterwegs sein möchte, der begibt sich auf den Spuren der Via Nova auf den rund 100 Kilometer langen *Seenland Pilgerweg* mit vielen virtuellen Audio-Guide-Stationen.

30

Literaturhaus Henndorf
Franz-Stelzhamer-Straße 10
A-5302 Henndorf
+43 (0)660 7966054
www.literaturhaus-henndorf.at

Gästehaus Wiesmühl
Carl-Zuckmayer-Weg 23
A-5302 Henndorf
+43 (0)6214 8303
www.wiesmuehl.at

EIN HAUCH VON SOMMERFRISCHE

Literatur.Spaziergang und Literaturhaus

Als sein »Henndorfer Paradiesgärtlein« bezeichnete der Schriftsteller Carl Zuckmayer sein Haus Wiesmühl, in dem er ab 1926 gemeinsam mit seiner Frau Alice und Tochter Winnetou lebte. Hier konnte er – nackt bis auf einen großen Hut – durch den weitläufigen Garten streifen, bei offenem Fenster an seinem *Hauptmann von Köpenick* arbeiten oder in der Stube am Kachelofen – ein Einstandsgeschenk von Stefan Zweig – seine Freunde aus der Nachbarschaft und der Welt empfangen. Acht Jahre lang währte dieser »Augenblick, gelebt im Paradiese …« bis zur Emigration im Jahr 1938. Seine Spuren hat Carl Zuckmayer – wie viele andere Künstler und Literaten des Henndorfer Kreises – bis heute in der Gemeinde hinterlassen.

Die Wiesmühl ist eine der Stationen auf dem *Literatur.Spaziergang* durch den Ort, in dem sich einst die Berühmtheiten – Opernsänger, Schriftsteller und Maler – zur Sommerfrische trafen. Man kann sich alleine auf den Weg machen oder im Rahmen einer Führung durch den Henndorfer Literaturverein. Letzteres hat den Vorteil, dass man viel mehr erfährt und auch einen Blick in die Wiesmühl werfen darf, die sich in Privatbesitz befindet und nicht allgemein zugänglich ist.

Der *Literatur.Spaziergang* führt unter anderem vom Gemeindeamt zum Caspar-Moser-Bräu, wo Ödön von Horváth zu nächtigen pflegte und sein Werk *Jugend ohne Gott* verfasste. Weiter geht es zum Wohn- und Sterbehaus des Mundartdichters Franz Stelzhamer, der – ebenso wie Thomas Bernhards Mutter – auf dem Henndorfer Friedhof beerdigt liegt.

Den Abschluss der Tour bildet das mehr als 300 Jahre alte Freumbichler-Haus, die Geburtsstätte von Thomas Bernhards Großvater. Das Literaturmuseum im ehemaligen Heuboden ist ausgewählten Dichtern und Künstlern gewidmet. Hier finden regelmäßig Lesungen, Vorträge, Schreibworkshops, Diskussionsrunden und Ausstellungen statt.

Per Rad ins Literaturhaus: Die *Zuckmayer-Tour* ist eine von 17 ausgearbeiteten Radrouten des über 600 Kilometer langen *Velodrom Salzburger Seenland.*

31

Nockstein
Startpunkt Wanderung:
Gasthof Am Riedl
Eisenstraße 38
A-5321 Koppl
+43 (0)6221 7206
www.riedlwirt.at

Infoterminal am Gemeindeamt Koppl
Dorfstraße 7
A-5321 Koppl
+43 (0)6221 7213
www.koppl.at
https://fuschlsee.salzkammergut.at

SCHNELLES GIPFELGLÜCK

Nockstein (1.043 m)

Der Nockstein in Koppl ist ein beliebter Aussichtsberg und scheint sich als kleiner Bruder des Gaisbergs recht vorwitzig hervorzutun: Am Nordhang des Salzburger Hausbergs ragt er 1.043 M. ü. A. (zu Österreichisch: Meter über Adria) keck gen Himmel.

Er ist ein bergsteigerischer »Quickie«, wenn man so will: Man kann ihn als Wochenendtour mit der ganzen Familie besteigen und sogar mit einer längeren Wanderung auf den Gaisberg verbinden oder man macht es so, wie die meisten Salzburgerinnen und Salzburger: Flott hinauf und flott wieder hinunter!

Der Nockstein ist ein beliebter »Frühmorgens«- oder »Feierabend«-Berg und ideal für alle, die mit nur rund 20 Minuten Anfahrtszeit aus der Stadt Salzburg ein echtes Bergerlebnis schätzen. Dann ist der Kreislauf in Schwung gebracht, die Kondition hinreichend trainiert und die Beinmuskulatur beansprucht. Auch wenn der Aufstieg in einer guten Stunde zurückgelegt ist, ist er doch knackig und gerade im Gipfelbereich recht anspruchsvoll.

Oben angelangt, wird man gleich mehrfach überrascht: zum einen von der Ausgesetztheit des Gipfels (Achtung: Trittsicherheit und gutes Schuhwerk sind unabdingbar!), zum anderen von der überragenden Aussicht auf die Stadt Salzburg. Daher darf die Pause gerne etwas länger dauern, auch wenn Sitzplätze zwischen den Felsen rar sind. So richtig eng wird es trotzdem nicht und damit unterscheidet sich der Nockstein vom Gaisberg, auf dessen Plateau gerade an lauen Sommerabenden weit mehr Trubel herrscht.

Am Nockstein hingegen ist es ruhiger und sogar die Kunst hat dort oben ihren Platz gefunden: Von den Skulpturen soll eine »heilende, lebensbejahende Kraftwirkung« ausgehen, so der Künstler. Ein feines Zusammenspiel zwischen Natur und Kultur versprechen sie allemal.

Eine Wanderung auf den Nockstein lässt sich mit einem Abstecher ins Naturidyll Koppler Moor verbinden: am besten zur Orchideenblüte im Frühsommer.

32

Hofbauermühle im Naturdenkmal Plötz
Startpunkt Wanderung:
Parkplatz Plötz Wasserfall
Vorderschroffenau
A-5323 Ebenau

Tourismusbüro Ebenau
Messingstraße 29
A-5323 Ebenau
+43 (0)6226 838461
www.ebenau.at

»DIE MÜHLE AM RAUSCHENDEN BACH«

Naturdenkmal Plötz

Fünf Mühlen, ein rauschender Bach und eine himmlische Ruhe – mit diesen wenigen Worten könnte man das Naturdenkmal Plötz am mittleren Rettenbach in der Flachgauer Gemeinde Ebenau beschreiben. Aber natürlich will ich weiter ausholen angesichts dieser ganz besonderen Atmosphäre, die in der idyllischen Waldschlucht herrscht. Der Rettenbach gurgelt und rauscht, die Sonne zaubert Lichtreflexe in die Gumpen und die Mühlen mit den Wasserrädern erinnern daran, dass vom 14. bis ins 20. Jahrhundert die Bauern der umliegenden Höfe hier unter größten Anstrengungen ihr Brotgetreide mahlten. Mithilfe eines Ochsengespannes wurde das Getreide zu den Mühlen befördert.

Entlang des Baches, der vom Koppler Moor durch die Plötz fließt, tut sich nicht nur ein Lieblingsplatz auf, es sind gleich mehrere: Der Kiesstrand am Fuße des Wasserfalls ist einer davon. Ein Ort mit der Ausstrahlung eines heidnischen Kultplatzes – wild, geheimnisvoll, mystisch. Wer die Schlucht entgegen dem Wasserlauf von unten nach oben durchwandert, hat an dieser Stelle bereits die Hofbauermühle, die Pertiller-Mühle und die Eder-Mühle mit dem gemauerten Naturbadbecken passiert.

Vom Fuße des Wasserfalls führt der Weg nun weiter relativ steil, aber ungefährlich bergauf zur 1540 erbauten Schroffenauer-Mühle. Von hier aus eröffnet sich ein gigantischer Ausblick auf den darunterliegenden Wasserlauf mit den Holzrinnen für die oberschlächtigen Wasserräder der Mühlen sowie auf die Gipfel der gegenüberliegenden Osterhorngruppe. Allzu verträumt sollte man den Blick jedoch nicht schweifen lassen, denn der Fels fällt senkrecht in die Tiefe ab.

Von hier an folgt man dem Bach weiterhin ansteigend in Richtung Hinterschroffenau, um zum letzten Lieblingsplatz zu gelangen: der großen, wunderschön einsam gelegenen Wiese mit Blick auf den Ederbauer und den Gaisberg in der Ferne.

Das Naturdenkmal Plötz ist ein tolles Ausflugsziel für die ganze Familie. Hier darf sogar gebadet werden: Das Becken an der Eder-Mühle oder der Platz unterhalb des Wasserfalls eignen sich am besten dazu.

33

Café am See
Edenbergers 1968
Seestraße 15
A-5330 Fuschl am See
+43 (0)6226 822011
www.edenberger.at

MITTELMEERFEELING IN FUSCHL

Café am See Edenbergers 1968

Was tun, wenn man sich nach Sonne, Strand und Urlaub sehnt, völlig überarbeitet ist und keine Aussicht auf eine Auszeit besteht? Vergessen Sie die Alternativen Solarium oder Kitschfilm! Greifen Sie zum Telefon, reservieren Sie (rechtzeitig!) einen Tisch im Café *Edenbergers 1968* in erster Reihe und beginnen Sie, für schönes Wetter zu beten. Das bildet nämlich Kulisse und Voraussetzung zugleich für einen unvergesslichen Abend.

Dieser Platz am Fuschlsee gehört mit zum Schönsten, was das Salzkammergut zu bieten hat. Hier erleben Sie Sommerfrische vom Feinsten: Abendliche Schwimmer und quakende Enten drehen ihre letzten Runden, auf den Balkonen werden die Bikinis zum Trocknen aufgehängt und ein paar Urlaubsgäste flanieren auf der Seepromenade.

Nirgendwo zaubert die Sonne so schöne Reflexe ins Glas mit dem orangefarbenen Aperol Spritz. Nirgendwo trifft mediterranes Flair so gekonnt auf traditionelle Salzkammergut-Bootshäuser. In der Ferne erahnt man das Schloss Fuschl und langsam bewegt sich die Sonne über den Bergrücken in Richtung Westen. Wer will da schon nach Capri?

Marcus Edenberger ruht sich nicht darauf aus, über die schönste Lage am See zu verfügen. Qualität, Regionalität und Saisonalität ist ihm wichtig, alles wird – mit leicht mediterranem Twist – frisch gekocht: die Pizza aus dem Holzofen, die hausgemachten Ravioli mit Steinpilzfüllung oder die Pasta mit Muscheln. Auch die Flaschenweine werden glasweise ausgeschenkt – aus Prinzip.

Kein Wunder, dass die Anzahl der Stammgäste hoch ist. Die meisten davon sind Einheimische. Wer trotz aller guten Ratschläge nicht reserviert hat, darf sich über eine sympathische Sitzordnung freuen: Pizza und Getränke werden auch ganz unkompliziert auf dem sonnenwarmen Steg serviert. Fast auf Augenhöhe mit den quakenden Enten.

Es gibt nur 50 Plätze direkt am See und diese sind bei schönem Wetter heiß begehrt. Eine telefonische Reservierung ist also unbedingt notwendig.

84

Zillenschifffahrt mit der »Fuschlerin«
Seestraße 30
A-5330 Fuschl am See
+43 (0)6226 8264
www.ebners-waldhof.at

SCHIFF AHOI AUF DER FUSCHLERIN

Zillenschifffahrt auf dem Fuschlsee

Wer an das Salzkammergut denkt und spontan einen See nennen soll, wird wohl zuallererst laut Wolfgangsee rufen. Und tatsächlich behauptet sich dieser schon allein wegen seiner Größe, seiner Vergangenheit und seiner Berühmtheit unumstritten auf Platz eins. Der Fuschlsee ist stiller und unaufgeregter: Und gerade das schätzen Urlaubsgäste und Einheimische. An dem See gibt es weder mondäne Ortschaften noch schicke Motorboote.

Dafür aber – der Kleinheit und Schlichtheit des Sees entsprechend – zwei Zillen, die ganz bezaubernd zur hier herrschenden Beschaulichkeit passen: 1996 wurde die erste Zille von ihrem Besitzer Herbert Ebner zu Wasser gelassen. Die *Fuschlerin I* wurde mittlerweile aus dem Dienst entlassen und von der *Fuschlerin II* sowie der Festtagszille mit historischem Aufbau abgelöst. Zillen sind flachbodige, eher kleine Schiffe, die noch heute vor allem im Donauraum Verwendung finden. Und genau dort werden auch die *Fuschlerinnen* gebaut: mit einer Nutzlast von bis zu 20 Personen und mit lautlosem Batterieantrieb, damit die Ruhe am See nicht gestört wird. Herbert Ebner betont aber, dass es sich um eine Bedarfs- und nicht um eine Linienschifffahrt handelt. Ist das Wetter zu trübselig, bleibt der Landungssteg an der Seepromenade geschlossen.

Die Zillen verkehren während der Sommermonate viermal täglich zwischen Fuschl am See und der Schlossfischerei. Der Bootsführer lässt während der romantischen Fahrt die Besonderheiten des 67 Meter tiefen Sees nicht unerwähnt: etwa die hervorragende Wasserqualität oder den vielfältigen Fischbestand. Am gegenüberliegenden Ufer wird direkt an der Schlossfischerei mit angeschlossener Fischräucherei angelegt. Die köstlichen Forellen, Saiblinge und Reinanken können an Ort und Stelle verzehrt werden: mit Blick auf das Schloss und einen See, der sich über die Jahrzehnte hinweg seinen Charme erhalten hat.

Rund 40 Minuten dauert die Fahrt über den See, die auch gerne von Golfern im Rahmen der *Fuschlsee Golfroas* genutzt wird. Besitzer der Salzkammergut-Card fahren zum ermäßigten Preis.

35

Mozarthaus St. Gilgen am Wolfgangsee
Ischler Straße 15
A-5340 St. Gilgen am Wolfgangsee
+43 (0)6227 20242
www.mozarthaus.info

MOZART, SHE/HER

Mozarthaus

Maria Anna Walburga Ignatia Mozart wurde im Sommer 1751 in Salzburg geboren. Viereinhalb Jahre später erblickte ihr Bruder das Licht der Welt und die Geschichte nahm ihren Lauf: Wolfgang Amadeus Mozart wurde einer der berühmtesten Komponisten aller Zeiten, das Nannerl war und blieb seine ältere Schwester. Dabei erhielt das Mädchen mit sieben Jahren seinen ersten Klavierunterricht und galt als ebenso musikalisch hochbegabt. Die Geschwister wurden von Vater Leopold an Europas Höfen als »Wunderkinder aus Salzburg« vorgestellt. Die Reisen waren kräftezehrend, beide Kinder erkrankten und Nannerl erhielt in Den Haag 1765 sogar die letzte Ölung.

Mit 17 Jahren endete für das Mädchen der Status als Wunderkind: Fortan zog der Bruder abwechselnd mit Mutter oder Vater alleine weiter. Nannerl blieb in Salzburg, kümmerte sich nach dem Tod der Mutter um den Haushalt und gab Klavierunterricht. Mit 33 Jahren heiratete sie Johann Baptist Franz von Berchtold zu Sonnenburg und übersiedelte nach St. Gilgen – dem Geburtsort ihrer Mutter. Ihre Briefe lassen erahnen, dass sie hier nicht glücklich war: Fortan musste sie – eine der besten Pianistinnen ihrer Zeit – auf das kulturelle Leben der Residenzstadt verzichten und sich der »Patchwork«-Familie widmen. Gewohnt wurde im Pflegegericht, das 1720 von Nannerls Großvater erbaut worden war.

Heute erinnert hier ein kleines, aber umso feineres Museum an die Musikerin, deren Kompositionen auch vom Bruder gelobt wurden, aber nicht erhalten geblieben sind. Drei Räume mit Briefen, Gemälden und Objekten sowie ein Film widmen sich ihrem Leben und Werk. Ein ruhevoller und zugleich von Musik erfüllter Ort nah am Wolfgangsee, der durch das große Fenster hereinzuschwappen scheint. Am Ende bleibt die Frage: Wie berühmt wäre Nannerl wohl geworden, wäre sie kein Mädchen gewesen?

Jeweils am letzten Wochenende im Juli findet in St. Gilgen das *Nannerl Fest* mit Festkonzert in der Pfarrkirche und Matinee statt.

36

Schafbergbahn
Markt 35
A-5360 St. Wolfgang
+43 (0)662 88849700
www.5schaetze.at

WO HIMMEL UND ERDE SICH BERÜHREN

Himmelspforte am Schafberg (1.738 m)

An den Fahrgästen in der nostalgischen Schafbergbahn hört man schnell: Auch in Japan oder Korea kennt man den Schafberg – diesen gigantischen Aussichtsberg, der sich imposant über dem Wolfgangsee erhebt. Mit seiner 300 Meter hohen Nordwand und den steilen Hängen ist er ein markantes Erkennungsmerkmal im Salzkammergut und ein gigantischer Aussichtsberg in den Voralpen.

Seit 1893 bringt die Zahnradbahn Ausflügler auf den Schafberg. Bis zur Bergstation dauert es rund 40 Minuten, dann sind die 1.190 Höhenmeter vom oberösterreichischen St. Wolfgang zur Bergstation auf Salzburger Boden überwunden.

Die Himmelspforte – ein kleiner, von Menschenhand erschaffener Felsdurchstieg – ist in gut zehn Minuten erklommen: Hier wird man der Faszination des 1.738 Meter hohen Berges schnell gewahr. Es ist diese Mischung aus grenzenloser Freiheit und dem Kribbeln in der Magengegend angesichts der Ausgesetztheit: Hoher Göll, Watzmann und Hochkalter schieben sich ins Gesichtsfeld. Wer dann durch die Himmelspforte schlüpft, dem eröffnet sich der weite Horizont mit der unendlichen Aussicht in alle Richtungen. Im Süden schweift der Blick vom Höllengebirge über den Dachsteingletscher, die Niederen Tauern, die Osterhorngruppe bis hin zum Hochkönigmassiv, dem Tennengebirge und den Berchtesgadener Alpen. Bei richtig guter Fernsicht sind sogar die Hohen Tauern mit dem Großglockner zu erkennen.

Und dann konkurrieren natürlich noch die Seen mit dem Bergpanorama – türkis, funkelnd, tief. Der Wolfgangsee, der Fuschlsee, der Grottensee, der Mondsee, der Irrsee und der Attersee. In den Abendstunden sieht man sogar den Waginger See und den Chiemsee im benachbarten Bayern in der Ferne glitzern. Diese Abendstunden sind zudem ein echter Geheimtipp: Denn wenn die Bahn stillsteht, wird's auch auf dem Schafberg ruhig. Und der Himmel rückt noch ein Stückchen näher.

Auch der zweite »Hausberg« am Wolfgangsee – das Zwölferhorn in St. Gilgen – kann bequem per Bergbahn erobert werden.

37

Mayerlehenhütte auf der Gruberalm

Startpunkt Wanderung:
Parkplatz Lämmerbach
A-5324 Hintersee
+43 (0)664 5223740
www.gruberalm.at

URIGE BIO-SCHMANKERL-ALM

Mayerlehenhütte

Jedes Jahr im März packt Lisi Matieschek das Almfieber und dann kann sie es kaum noch erwarten, Anfang Mai gemeinsam mit ihrem Ehemann Werner ihre Mayerlehenhütte zu beziehen. Mit 14 Jahren verbrachte sie ihren ersten Almsommer auf der Hütte im Talschluss des Lämmerbachs, eingekesselt von den Gipfeln der Osterhorngruppe: ohne Telefon und Licht auf 1.036 Metern Seehöhe.

Daran hat sich bis heute nicht viel geändert: Das Aggregat erzeugt nur so viel Strom, dass die Milchkühe gemolken werden können. Alles andere passiert händisch: das tägliche Kneten des Hefeteigs für die Bauernkrapfen oder die Verarbeitung der Almmilch zu Frischkäse und Joghurt. Auch Übernachtungsgäste sollten viel Liebe zur Ursprünglichkeit mitbringen: Geschlafen wird auf Heu direkt über dem Kuhstall ohne Nachttischlämpchen oder Duschgelegenheit, dafür mit viel Flair und Almromantik.

Die Mayerlehenhütte ist die einzige Hütte auf der Gruberalm, die schon über ein Jahrhundert durchgehend von Lisis Familie bewirtschaftet wird. Der Hof im Tal wird seit 1990 als Bio-Betrieb geführt. Die Bäuerin selbst sagt schmunzelnd: »Wir sind eine Alm für Kleinkinder und Senioren.« Der Weg dorthin ist kurz und wenig beschwerlich; doch auch Wanderer, die von längeren Touren kommen, kehren gerne ein: schon allein wegen der Almschmankerln, die je nach Saison variieren.

Lisi serviert nur Hausgemachtes wie Hollerkoch mit Topfennockerln, Bärlauchsuppe, Pofesen, Fleischkrapfen oder gegen Vorbestellung ein »biofaires« Almfrühstück. Immer am Wochenende zieht sogar der Duft eines knusprigen Bio-Schweinebratens um die urige Hütte. Gespeist wird vor einer dramatisch schönen Kulisse mit Unterhaltungsprogramm: Denn der übermütige Gämsennachwuchs nutzt die bis in den Juni verbleibenden Schneefelder als Spielplatz. Also Fernglas nicht vergessen!

Schui auf da Alm heißt das Kinder-, Jugend- und Gruppenprogramm auf der Mayerlehenhütte: mit Kräuterwanderung, Milchverarbeitung, Almübernachtung und mehr.

TENNENGAU

Käsejause auf der Spießalm in St. Martin

38

Keltenmuseum Hallein
Pflegerplatz 5
A-5400 Hallein
+43 (0)6245 80783
www.keltenmuseum.at

Stille Nacht Museum Hallein
Gruberplatz 1
A-5400 Hallein
+43 (0)6245 8078330
www.keltenmuseum.at

SCHNABELKANNE UND STREITWAGEN

Keltenmuseum

Könnten Sie sich vorstellen, einem lieben Menschen einen Sportwagen oder ein Gemälde auf seine letzte Reise mit ins Grab zu geben? Auf dass er in der Anderswelt seine Vorliebe für schnelle Autos oder Kunst weiterverfolgen kann?

Schauen Sie nicht so skeptisch! Denn genau das haben die Kelten getan. So kostbar sind die Schätze, die in den mehr als 380 Gräbern am Dürrnberg gefunden wurden, dass der Vergleich keineswegs hinkt. Im Keltenmuseum Hallein – einem der größten Museen für keltische Geschichte in Europa – wird deutlich, wie reich das Salz die Kelten gemacht hat und welche Schätze sie besaßen. Sie pflegten internationale Handelsbeziehungen, die es ihnen erlaubten, Gold- und Bernsteinschmuck oder Keramiken zu erwerben.

Kostbarstes Ausstellungsstück ist, neben den mehr als 1.200 kunstvoll gearbeiteten Gewandnadeln (Fibeln), die über 2.500 Jahre alte Schnabelkanne. Sie zählt zu den bedeutendsten Funden der Latènezeit und ist ein Meisterwerk frühkeltischer Kunst. Unter den Exponaten des Museums, das zum Salzburg Museum gehört, finden sich aber auch einige Kuriositäten: so etwa über 2.500 Jahre alte menschliche Exkremente, die in den Salzstollen des Dürrnbergs konserviert wurden, oder ein Hut aus Birkenrinde aus dem Jahr 464 v. Chr.

Auf seinen drei Stockwerken schafft das Museum den Sprung von den Kelten bis zu den Erzbischöfen scheinbar mühelos. Die Gemeinsamkeit: der Wirtschaftsfaktor Salz! Zwei Ausstellungsebenen des denkmalgeschützten Gebäudes, das 1654 als zentrales Verwaltungsgebäude der Saline errichtet wurde, sind der Urgeschichte des Landes Salzburg sowie dem prähistorischen und historischen Salzbau gewidmet. Im obersten Stockwerk blieben drei wunderschöne Fürstenzimmer erhalten – mit detailreichen Ölgemälden von Maler Benedict Werkstötter aus dem Jahr 1757.

Der Komponist des Weihnachsliedes *Stille Nacht! Heilige Nacht!* Franz Xaver Gruber (1787–1863) lebte 28 Jahre lang in Hallein. Ihm ist das *Stille Nacht Museum* am Gruberplatz in Hallein gewidmet.

39

Salzwelten Salzburg
Ramsaustraße 3
A-5422 Bad Dürrnberg
+43 (0)6132 2008511
www.salzwelten.at

MIT ELF STUNDENKILOMETERN ZUM SALZ

Salzwelten Salzburg

Kennen Sie den Grubenhunt? Wissen Sie, dass Wettertüren nichts mit Regen oder Sonne zu tun haben, sondern Zugluft vermeiden sollen? Und hätten Sie erraten, dass die 29 Knöpfe an der Jacke der Bergknappen für das Alter stehen, in dem ihre Schutzpatronin, die Heilige Barbara, verstorben ist?

Nun, ein Besuch in den Salzwelten Salzburg ist nicht nur ein Ausflug in das älteste Besucherbergwerk der Welt, es liefert auch Antworten auf viele spannende Fragen. Die Reise in die mystische Welt des prähistorischen Bergbaus der Kelten und der profitträchtigen Salzgewinnung im Erzbistum Salzburg beginnt auf einem Lieblingsplatz der besonderen Art: dem Grubenhunt! Rittlings und mit elf Stundenkilometern geht es rumpelnd und mit Wind im Haar auf der kleinen Förderbahn hinein in den Stollen. Der Fels rückt nahe heran, es riecht nach Salz und altem Holz. Tief im Berg und bis zu 210 Meter unter Tage herrschen Sommer wie Winter konstante Temperaturen um zehn Grad Celsius.

Über 2.600 Jahre lang – von 600 v. Chr. bis 1989 – wurde am Dürrnberg Salz abgebaut. Vor allem Fürsterzbischof Wolf Dietrich von Raitenau (1559–1617) verstand es, diesen mächtigen Schatz wirtschaftlich zu nutzen. Das »Weiße Gold« verlieh Salzburg seinen Namen und machte die Stadt reich. Nirgendwo kommt man den Ursprüngen und den Anfängen der Salzburger Landesgeschichte so nahe wie hier – tief im Inneren eines Berges, der das Salz hütet.

In dieser einen Stunde werden mit dem Grubenhunt, zwei Bergmannsrutschen, einem großen Floß und zu Fuß rund sechs der insgesamt 65 Kilometer Stollengänge zurückgelegt. Sogar die Staatsgrenze nach Deutschland passieren die Besucher. Und auf den Rutschen wird schnell klar, dass das Schutzgwandl nicht nur ein lustiger Gag ist: Bei Spitzengeschwindigkeiten von über 20 Stundenkilometern wird der Hosenboden ganz schön heiß! Auch bei kaltem Näschen.

Runden Sie Ihren Ausflug in die Salzwelten Salzburg mit einem Besuch der Salz-Manufaktur in Österreichs einziger Schausaline und des Keltendorfs Salina am Dürrnberg ab.

40

Gollinger Wasserfall
Besuchbar Mai bis Herbst
Startpunkt: Parkplatz
Wasserfallstraße 23
A-5440 Golling an der
Salzach

Tourismusverband Golling
Markt 85
A-5440 Golling an der
Salzach
+43 (0)6244 4356
www.golling.info
www.tennengau.com

ROMANTISCHES MOTIV OHNE ABLAUFDATUM

Gollinger Wasserfall

Der Philosophie Jean-Jacques Rousseaus und seiner romantischen Verklärung der Alpen ist es zu verdanken, dass der Gollinger Wasserfall bereits um 1800 zum Liebling von Malern, Aristokraten und naturverliebten Sommerfrischlern wurde. Nach den ersten Zeichnungen und Publikationen entwickelte sich um das eindrucksvolle, 76 Meter hohe Naturschauspiel ein regelrechter Wasserfalltourismus. Im Jahre 1805 ließ Ernst Fürst von Schwarzenberg einen Weg errichten, der später von Erzherzögen und Großfürsten begangen wurde: Sogar Kaiser Ferdinand samt Gemahlin und Gefolge stattete der Sehenswürdigkeit 1837 einen Besuch ab und beanspruchte für diesen Ausflug elf Wägen und acht Sesselträger – so vermerkt es die Ortschronik.

Was aber machte die Faszination dieses Wasserfalls aus? Und hält diese tatsächlich bis heute an? Ja, das tut sie! Es mag an der Abgelegenheit des Platzes am Fuße des Göllmassivs liegen, dass der Ort eine besondere Ausstrahlung hat. Es ist die intensive Farbe des Wassers, seiner Gischt und des sprühenden Schleiers, der bei entsprechendem Lichteinfall Regenbögen in die Farne und auf die bemoosten Steine zaubert.

Je näher man dem Ursprung kommt, umso interessanter wird die Wanderung: Über die Regenbogenbrücke quert man den wilden Schwarzenbach, der unter einer natürlichen steinernen Brücke – einem Bogen gleich – in die Tiefe fällt. Weiter hoch geht es zum Hexenkesselsteg. Doch der vielleicht schönste Platz befindet sich direkt an der Höhle, aus der das Wasser unaufhörlich aus dem Berg sprudelt: Eine geheimnisvolle Karstquelle auf 479 Metern Höhe, von Efeu verhangen. Das Wasser – dunkel, glasklar und scheinbar ruhig vor seinem rauschenden Weg in die Tiefe. Eine Wanderung vom Fuße des Wasserfalls bis zu seiner Quelle und zurück dauert rund eine Stunde und ist mit größeren Kindern gut machbar. Wasserscheue tragen Regenbekleidung.

Unweit des Gollinger Wasserfalls werden feinste Fische gezüchtet: Der *Bluntausaibling* ist das Signature-Gericht von Vier-Hauben-Koch Andreas Döllerer, der beim *Döllerer* in Golling Gourmets aus aller Welt verwöhnt. www.doellerer.at

41

Seewaldsee
Startpunkt Wanderung:
Parkplätze an der
Seewaldstraße
A-5423 St. Koloman

Gästeservice Tennengau
Mauttorpromenade 8
A-5400 Hallein
+43 (0)6245 70050
www.tennengau.com

IDYLLISCHE SCHNEESCHUHWANDERUNG

Seewaldsee

Das Landschaftsschutzgebiet Seewaldsee am Fuße des Trattbergs ist ein verstecktes Winteridyll mit einer Romantikkulisse, die an Beschaulichkeit kaum zu übertreffen ist. Tief verschneit und unberührt von Pisten, Loipen oder Wegen lädt es zu einer Winterwanderung abseits jeglichen Trubels, bevor im Frühjahr das große Spektakel der Krötenwanderung ausbricht. Zur Schneeschmelze ziehen die Amphibien in Scharen zum See, um dort abzulaichen; die faulen Männchen huckepack auf den breiten Rücken der Damen. Später im Jahr hält auch der Almsommer hier oben Einzug: Mountainbiker, Wanderer und Familien schätzen seit Generationen den Seewaldsee als stadtnahes Ausflugsziel.

Doch vorerst lockt der Winter in seiner ursprünglichsten Form an den Seewaldsee: Von St. Koloman führt die Straße rund sechs Kilometer durch die Winterwälder, dann geht es zu Fuß weiter in Richtung Auhütte, die zu dieser Jahreszeit jedoch geschlossen ist. Im Winter trifft man nur wenige Menschen hier oben an, das hat ganz klar Vorteile, aber auch einen Nachteil. Denn wenn Sie der Erste an einem Sonntagvormittag sind, dann erwartet Sie die schöne, aber auch anstrengende Aufgabe, den Weg durch den Schnee zum See zu spuren. Und das führt dazu, dass die relativ überschaubare Wanderung ganz schön ermüdend werden kann. Mit Schneeschuhen geht das wesentlich leichter. Rund 90 Minuten dauert die Tour hin und retour.

Stehen bleiben und horchen lohnt sich immer wieder. Zu hören ist – einfach nichts! Noch ruht der Seewaldsee: Die Zeit der Wanderer und auch der Kröten ist noch weit. Der Blick auf den Hohen Göll und die unberührten Schneefelder ringsum gehören einem ganz allein – einfach magisch. Glücklich ist, wer das in aller Ruhe zu genießen weiß. Und vielleicht bei einer mitgebrachten Jause samt Tee in der Thermoskanne vom Frühling träumen kann. Und davon, von jemandem huckepack rund um den See getragen zu werden.

Am Weg zum Seewaldsee liegt versteckt im Wald die Wilhelmskapelle, eine der ältesten Sakralbauten Salzburgs. Auch der Leonhardsweg – ein alter Pilgerweg von Salzburg nach Tamsweg – führt hier vorbei.

42

Winterstellgut
Braunötzhof 4
A-5524 Annaberg
+43 (0)6463 600780
www.winterstellgut.at

NOBELADRESSE ZUM VERLIEBEN

Winterstellgut

Sein Ruf eilt dem Winterstellgut in Annaberg voraus. »Annaberg?«, fragen die Salzburger laut. »Das ist ja gar nicht in der Stadt!«, denken sie heimlich und tun beeindruckt. Und dann kommen sie doch alle, denn das Winterstellgut muss man halt auch als Städter gesehen haben. Manche reisen sogar mit Hubschrauber an, was dann wiederum die Einheimischen mit verwunderter Miene taxieren. Die kommen nämlich gern zu Fuß und in Wanderschuhen, mit dem Mountainbike oder im Winter mit Tourenskiern. Denn obwohl das Winterstellgut eine feine Nobeladresse und die Küche vielfach ausgezeichnet ist, herrscht hier eine entspannte Atmosphäre. Der idyllische Naturschwimmteich, an dessen Steg gern geheiratet wird, bleibt den Hotelgästen vorbehalten und der Wildhase stattet dem Kräutergarten einen Besuch ab.

Das Winterstellgut auf 975 Metern Seehöhe – im 16. Jahrhundert als winterfester Pferdestall erbaut – lag einige Jahrzehnte im Dornröschenschlaf, bis es 2004 wachgeküsst wurde. Seit gut 20 Jahren ist es eine gelungene Kombination aus neu erbauter Moderne mit allen luxuriösen Annehmlichkeiten und alter Tradition, die sich in Architektur und Materialien widerspiegelt. Und auch die Pferde sind zurückgekehrt.

Auf die Teller der gedeckten Tische in den Stuben und im Garten kommen Produkte aus der Region wie Pinzgauer Bio-Rind, Tauernlamm, Wild oder Süßwasserfische. Mit viel Liebe zum Detail entstehen daraus Köstlichkeiten wie Blattsalat mit Annaberger Ziegenfrischkäse, feine Variationen vom Fritztaler Freilandschwein oder gebackene Hollerstrauben mit selbst gemachtem Waldmeistereis. Begleitet von österreichischen Weinen und vollmundig abgeschlossen durch eine auf dem Winterstellgut gebrannte *Salzburger Birne*. Wenn Sie einen Besuch planen, sollten Sie reservieren, denn die einst so skeptischen Städter sind längst Stammgäste geworden.

Wer das Winterstellgut länger auskosten möchte, bleibt über Nacht: In den Suiten und Zimmern schläft man himmlisch und träumt schon vom Frühstück.

48

Lammertaler Urwald
Startpunkt: Parkplatz Spießalm am Reithweg
A-5522 St. Martin am Tennengebirge

Tourismusverband St. Martin am Tennengebirge
Lammertalstraße 1
A-5522 St. Martin am Tennengebirge
+43 (0)6463 7488
www.stmartin.info

DAS GROSSE GRÜN

Lammertaler Urwald

Ein Mischwald von ungewöhnlichen Dimensionen erwartet Besucher im Urwald bei St. Martin am Tennengebirge im Lammertal: Hier wachsen auf einem Areal von rund zehn Hektar mehrere über 100 Jahre alte Bäume, die zu den höchsten Österreichs zählen, ja sogar Mitteleuropas.

Der Anstieg erfolgt vom Parkplatz der Spießalm: Von hier geht es in gut einer halben Stunde zur Hütte und dann weiter über die steile Wiese hinauf Richtung Urwald. Der etwas beschwerliche Anstieg lohnt sich in jedem Fall: Kaum hat man den natürlichen Eingang erreicht, ist man umhüllt von einem großen Grün.

Farne wiegen sich im Wind, mächtige Baumriesen wachsen in den Himmel, Totholz zeugt von der Naturbelassenheit dieses begünstigten Fleckchens Erde. Große Pilze an morschen Baumstümpfen verweisen darauf, dass diese im Absterben begriffen sind: Der Kreislauf des Werdens und Vergehens wird im Lammertaler Urwald besonders gut sichtbar.

Dass die Bäume hier so alt und mächtig werden, verdanken sie einem Zusammenspiel mehrerer Faktoren: der günstigen Hanglage, den klimatischen Bedingungen, dem Umstand, dass der Wald nie forstwirtschaftlich genutzt wurde, und der Bodenbeschaffenheit.

Der Rundweg durch den Wald dauert etwa 20 Minuten: An dem kleinen Pfad verweisen Schilder immer wieder auf besonders alte und imposante Bäume. So etwa auf die rund 320 Jahre alte *Große Buche – die Mutter des Waldes* oder den *Lammertaler Wächter*, eine 48 Meter hohe Tanne. Gut zwölf Kinder braucht es, damit diese – sich an den Händen fassend – den Stamm umarmen können. Der Stammdurchmesser der ebenfalls rund 300 Jahre alten Fichte *Alter Tax* misst an die 160 Zentimeter.

Wer aus dem Urwald wieder unter den blauen Himmel tritt, hat den Eindruck, einen großen, grünen Raum zu verlassen: Jahrhunderte alt, sich immer wieder erneuernd und voller Leben.

Ein zweiter Weg führt vom Seepark in St. Martin am rund acht Kilometer langen Baumwanderweg über eine Orchideenwiese zum Lammertaler Urwald.

44

Spießalm
Lammertalweg 41
A-5523 St. Martin am Tennengebirge
Parkplatz: Reithweg
+43 (0)664 9917857
www.spiessalm.at

DAS KÄSEPARADIES AUF ERDEN

Spießalm

Wer durch die Tür der wunderschön gelegenen Spießalm von Robert und Marianne Lanner tritt, steht mitten in der alten Rauchkuchl. Diese ist ein Relikt längst vergangener Zeit in der über 350 Jahre alten Hütte, die achtsam modernisiert wurde. Neben dem alten Stüberl wurde der ehemalige Stall in einen gemütlichen Raum mit alten Möbeln, Fleckerlteppichen und Kachelofen verwandelt, in dem Wanderer bei regnerischem oder kühlerem Wetter Platz nehmen. Somit gibt es auch an weniger sonnigen Tagen keine Ausrede, den gut halbstündigen Aufstieg vom Parkplatz auf die rund 1.100 Meter hoch gelegene Alm in Angriff zu nehmen.

Belohnt wird dieser Ausflug in jedem Fall, denn Bäuerin Marianne Lanner und ihre Sennerin freuen sich bei jedem Wetter über Gäste, schüren das Feuer im Ofen und tischen auf, was der Bio-Bauernhof im Tal hergibt. Gemolken werden die Milchkühe, wie es sich gehört, auf der Alm: Der Melkstand ist in die Almhütte integriert und erleichtert die schwere Arbeit sowohl für die Menschen als auch für die Tiere. Nach der morgendlichen Prozedur wird die Milch ins Tal gebracht, wo Marianne, die diplomierte Käsesommelière ist, sie täglich zu Butter und feinsten Käsesorten verarbeitet, etwa zu Sauerkäse, Almkäse, Schüsselkäse und verschiedenen Frischkäsevariationen. Die Molke, die bei der Milchverarbeitung anfällt, wird an die vier Freilandschweine am Hof verfüttert und die sind wiederum die Grundlage für den feinen Speck der Brettljause. Auch selbstgemachte Kaskrainer, Kaspressknödel oder Speckknödel stehen auf der Speisekarte. Frühaufsteher werden – gegen Voranmeldung – bereits morgens mit einem feinen Almfrühstück verwöhnt.

Die Spießalm ist von Anfang Juni bis Anfang Oktober geöffnet.

Im Tennengau hat die Käseverarbeitung eine lange Tradition, die auf den Almen und in den Hof-Käsereien noch heute authentisch gelebt wird. www.tennengau.com

PONGAU

Burg Hohenwerfen hoch über dem Salzachtal

45

Eisriesenwelt
Eishöhlenstraße 30
A-5450 Werfen
+43 (0)6468 5248
www.eisriesenwelt.at

Dr.-Oedl-Schutzhaus
Eishöhlenstraße 30
A-5450 Werfen
+43 (0)6468 524812
www.oedlhaus.at

EXPEDITION INS UNTERIRDISCHE EIS

Eisriesenwelt

Als der junge Höhlenforscher und Maler Alexander von Mörk am 23. August 1913 vor der riesengroßen Eishöhle im steilen, felsigen Gelände des Tennengebirges stand, kam er mit einem Vorsatz: tiefer in den Berg vorzudringen als je ein Mensch zuvor. Sogar einen Taucheranzug hatte er mitgebracht, um einen »über dem Eise stehenden See« in der stockdunklen Höhle zu überwinden. Tatsächlich gelang dem 26-Jährigen sein Vorhaben; begeistert beendete er seinen Bericht mit den Worten: »Die Höhle ist die größte Eishöhle der Welt.« Nur ein Jahr später stirbt Alexander von Mörk als Soldat. Seine Asche brachten Freunde in die Eisriesenwelt zurück: Die Urne am hinteren Ende des imposanten 40 Meter hohen und 70 Meter langen Mörkdoms erinnert an den mutigen Abenteurer.

Heute braucht man kein Höhlenforscher mehr zu sein: Ein bisschen Schmalz in den Waden genügt, um den Weg vom Parkplatz bis zur Talstation und von der Bergstation bis zur Höhle zu überwinden. Den Rest erledigt bequem die Seilbahn. Doch ein Spaziergang ist ein Besuch der Eisriesenwelt dennoch nicht: Der Weg zum Höhleneingang auf 1.656 Metern ist steinig und im Inneren der Höhle müssen 700 Stufen und 134 Höhenmeter überwunden werden. Außerdem wird es nie wärmer als null Grad. Einzige Beleuchtung sind die nostalgischen Karbidlampen, die Besucher in die Hand bekommen: Dunkelheit umfängt die Gruppe.

Die grandiosen Eisformationen – von denen Alexander von Mörk so begeistert war, dass er sie nach Figuren der nordischen Eddasaga benannte – werden wunderschön inszeniert: Durch brennende Magnesiumstreifen scheinen sie aus sich heraus und in den schönsten Eisfarben zu strahlen. Nach gut 70 Minuten und einem Kilometer ist der Höhleneingang wieder erreicht: Die weiteren 43 Kilometer Höhlengänge bleiben den wahren Abenteurern vorbehalten. So wie Alexander von Mörk einer war.

Nach dem Höhlenbesuch genießt man vom Dr.-Oedl-Schutzhaus an der Bergstation der Seilbahn einen grandiosen Blick über das Salzachtal und auf die Burg Hohenwerfen.

46

Erlebnisburg Hohenwerfen
Burgstraße 2
A-5450 Werfen
+43 (0)6468 7603
www.salzburg-burgen.at

MEILENSTEIN DER LANDESGESCHICHTE

Erlebnisburg Hohenwerfen

Hoch über dem Salzachtal thront die Burg Hohenwerfen: ein mächtiges Bauwerk, das mit seinen Ecktürmchen, Schießscharten und Pechnasen genau jenen Vorstellungen entspricht, die Burgenfans von einer mittelalterlichen Verteidigungsanlage haben. Es gibt einen Fallturm mit vier Meter dicken Mauern, ein Verlies, eine Folterkammer, Wehrgänge und einen 14 Meter hohen Glockenturm.

Ach, Sie sind kein Burgenfan und finden Ritter, Rüstungen und Lanzen zum Gähnen langweilig? Dann lassen Sie sich vom Gegenteil überzeugen: Denn wenn Sie sich auch nur ein klein wenig für Salzburger Landesgeschichte interessieren, kommen Sie hier den Machenschaften der Erzbischöfe, den Bauernaufständen und Protestantenvertreibungen sehr nah. Das Salzachtal war aufgrund seiner Lage bedeutsam: der Pass Lueg der einzige Übergang in einem landschaftlichen Nadelöhr. Hier fanden Feldzüge und Schlachten statt. Und die 1022 erbaute Burg Hohenwerfen war das Bollwerk mittendrin: Sie war Gerichts- und Verwaltungszentrum und fungierte über 600 Jahre lang als Gefängnis.

Heute ist die Burg ein beliebtes Ausflugsziel für Klein und Groß: So manch ein Blick aus über 100 Metern durch eine der Schießscharten nach unten erzeugt ein Gefühl von Schwindel. Daneben ragen das Tennengebirge, das Hagengebirge und der Hochkönig in den Himmel. Einer der schönsten Plätze auf der Burg ist die Lindenwiese im zweiten Vorhof: Der Blick auf den hoch aufragenden Palas mit den romanischen Fensterbögen macht die Dimension dieses Bauwerks deutlich. Hier finden auch die Greifvogelvorführungen des Historischen Landesfalkenhofes statt: Geier, Milane, ein Uhu und natürlich Falken zeigen in beeindruckender Weise, wie eng das Vertrauensverhältnis zwischen Falkner und Vogel ist.

Übrigens: Der Kinder-Audioguide mit den Mäusen Jaki und Bärbel entstammt meiner Feder.

Für Kinder gibt es eine lustige Rätsel-Rallye, bei der sie die Burg auf eigene Faust erkunden und die Frage um den geheimnisvollen Schatten lösen können.

47

Salzburger FIS-Landes-skimuseum Werfenweng
Weng 138
A-5453 Werfenweng
+43 (0)664 5000096
www.skimuseum.at

Tourismusverband Werfenweng
Weng 42
A-5453 Werfenweng
+43 (0)6466 4200
www.werfenweng.eu

ZWEI BRETTER, DIE DIE WELT BEDEUTEN

Salzburger FIS-Landesskimuseum

Manche Stimmen behaupten ja, die Salzburgerinnen und Salzburger würden schon mit Skiern auf die Welt kommen. Ein Kompliment, das die Einheimischen mit einem Lächeln quittieren. Ja, man ist stolz auf die Skistars aus dem eigenen Land und auch darauf, dass während der letzten Jahrzehnte in den Gebirgsregionen weltberühmte Wintersportorte entstanden sind. Am liebsten würde man sich glatt selbst das Etikett »Wiege des Skisports« verpassen, doch das klappt spätestens im Salzburger FIS-Landesskimuseum in Werfenweng nicht mehr.

Schon zu Beginn der Ausstellung wird klargestellt: »Erst Ende des 19. Jahrhunderts werden die ersten Ski von Skandinavien nach Österreich eingeführt.« Der Skilauf entstand schon vor 5.000 Jahren in Skandinavien und im Norden des heutigen Russland. Damit sind die Fakten auf dem Tisch, was aber nichts an der großen Liebe der Salzburger zu »ihrem« Wintersport ändert.

Und diese Liebe spiegelt sich auch in dem Museum wider, das aus einer privaten Sammlung hervorging: Die Ausstellung führt auf drei Ebenen anschaulich und anhand zahlreicher Exponate durch die Historie des Wintersports. Angefangen von der Skibrille, wie sie Fridtjof Nansen bei seiner Grönland-Durchquerung 1888 trug, über die ersten Ski mit Stahlkanten bis hin zu Aksel Lund Svindals Atomic Race GS12.

Selbst passionierte Wintersportler werden noch eine Menge Neues lernen und Gelegenheit zum Schmunzeln haben. So etwa bei der *Anleitung zum Selbstunterricht* von Skipionier Matthias Zdarsy aus dem Jahr 1908. Darin wird erklärt, wie ein perfekter Bogen ausgeführt wird: »Der ganze Körper ist gestreckt, aber so weit nach vorne geneigt, dass wir fast fühlen, wir müssten auf das Gesicht fallen. Mangel an Schneid in diesem Moment erschwert die Übung ungemein.« Da scheint es fast verwunderlich, dass es doch so viele gute Skifahrer im Salzburger Land gibt …

Der Ort Werfenweng auf 902 Metern Seehöhe zählt zu den Alpine Pearls: Sanfte Mobilität und nachhaltiger Urlaub werden hier großgeschrieben.

48

Gerzkopf
Startpunkt Wanderung:
Parkplatz Knappbauer
Schattbachwinkel 35
A-5531 Eben im Pongau

Tourismusverband Eben
Dorfplatz 60
A-5531 Eben im Pongau
+43 (0)6458 8194
www.eben.at

ERST WÜNSCHEN, DANN LÄUTEN

Gerzkopf (1.728 m)

Es gibt Berge, auf die geht man ein einziges Mal. Und es gibt Berge, die ziehen einen immer und immer wieder magisch an. Der Gerzkopf in Eben ist so ein Gipfel: Mit 1.728 Metern nicht besonders hoch, dafür mit vielen kleinen und großen Besonderheiten.

Da ist zum Beispiel die über hundert Jahre alte Schäferhütte und das fragile Europaschutzgebiet unterhalb des Gipfels: Hier tanzen auf der dunklen Wasseroberfläche der Schwarzen Lacke seltene Libellenarten wie die Quergestreifte Quelljungfer und eine uralte Sage erzählt vom goldenen Wagen, der am Grund des Sees liegen soll. In diesem Naturjuwel haben geschützte Tiere wie der Weißrückenspecht, der Grasfrosch und der Auerhahn ihren Lebensraum: Der Mensch ist nur zu Gast.

Der Gipfel nimmt sich wie ein uralter Ritualplatz aus mit freier Sicht auf die Bischofsmütze. Und hier steht sie: jene Glocke, die die Wünsche aller Wanderer erfüllen soll! Die ehemalige Kirchenglocke von Eben könnte einst dazu gedient haben, die rund 250 Schafe zusammenzuläuten, die heute immer noch während der Sommermonate am Gerzkopf weiden dürfen. Sie ist aber vor allem eine Wunschglocke und während einer Wanderung vernimmt man immer wieder ihren Klang, der über das Hochmoor, die Latschenkiefern und den Fichtenwald weht. Es ist berührend, wie viele Menschen einen Herzenswunsch in sich tragen.

All diese Besonderheiten haben dazu geführt, dass der Gerzkopf eine tragende Rolle im *Salzburger Gipfelspiel* erhielt: Bei diesem von mir erdachten und konzipierten Wander-Erlebnis werden Wanderer eingeladen, sich auf sieben Gipfeltouren zu begeben. Auf den Spuren der »Wohlwollenden Königin und ihrer Edelmänner« gilt es, der Natur und ihren Botschaften zu lauschen. Die Stille der Berge führt zu neuen Erkenntnissen und manchmal geht auch der ein oder andere Wunsch in Erfüllung. Versprochen!

Startpunkt der Wanderung ist der Parkplatz beim Knappbauern im Schattbachwinkel in Eben. Die Gipfelbox für das *Salzburger Gipfelspiel* kann im Tourismusbüro Eben erworben werden.
www.salzburgergipfelspiel.at

49

Pferdeschlittenfahrt zu den Hofalmen
Startpunkt: Ortszentrum
A-5532 Filzmoos
www.filzmoos.at

Unterhofalm
Hofalmstraße 5
A-5532 Filzmoos
www.unterhofalm.at

Oberhofalm
Filzmoos 65
A-5532 Filzmoos
www.oberhofalm.at

MIT ZWEI PS IN RICHTUNG BISCHOFSMÜTZE

Pferdekutschenfahrten zu den Hofalmen

Als aktiver Wintersportler ist man schnell dazu verleitet, Pferdekutschenfahrten ein wenig zu belächeln: Zu romantisch! Zu altmodisch! Zu passiv! Nichts für solche, die den Winter mit allen Fasern spüren und ins Schwitzen kommen wollen. Na gut, ins Schwitzen kommen tatsächlich nur die Pferde, die vor die Schlitten gespannt werden, um Besucher zu den Filzmooser Hofalmen zu bringen. Doch das tut der Schönheit des winterlichen Ausflugs keinen Abbruch.

Die rund 20 Gespanne bestehen aus ausdauernden Norikern, edlen Friesen oder kräftigen Haflingern. Den Weg kennen die Tiere inund auswendig, dennoch ist das Tempo gemächlich. Vom Ortszentrum geht es Richtung Hinterwinkl. Die Straße, die von 1. Dezember bis Ende März ausschließlich den Pferdekutschen und Spaziergängern gehört, windet sich in sanften Anstiegen in Richtung Alm. Alljährlich im Dezember findet dort die romantische Filzmooser Weihnachtsidylle mit Punschhütten, Fackeln und Musik rund um den Almsee statt.

Nach gut 40 Minuten Fahrt und rund 200 Höhenmetern lichtet sich erstmals der Winterwald. Erster und beeindruckender Blickfang ist die markante Bischofsmütze mit ihren 2.458 Metern und dem charakteristischen Doppelgipfel. Der Berg bildete einst die Grenze zwischen dem Erzbistum Salzburg und dem Erzherzogtum Österreich: Im Jahr 1993 brach ein 200 Meter hoher Pfeiler von der Bischofsmütze ab. Ein Foto von diesem mächtigen Felssturz findet sich in der Unterhofalm, eines der beiden Ziele der Pferdekutschenfahrten.

Ebenso wie auf der etwas unterhalb liegenden und 1665 erbauten Oberhofalm werden hier feinste Salzburger Almschmankerl serviert: von den Kasnocken im Pfandl über Pongauer Fleischkrapfen bis hin zum Kaiserschmarrn. Nur die Kalorienverbrennung klappt bei einer Kutschenfahrt nicht ganz so gut. Denn wie schon angedeutet: Es sind ausschließlich die Pferde, die sich anstrengen.

Filzmoos ist auch bekannt als Ballondorf: Hier finden alljährlich die Internationalen Ballonwochen mit der beliebten *Nacht der Ballone* statt. Dann kann man auch eine winterliche Ballonfahrt buchen.

50

Kirchgasshütte
Neuberg 29
Parkmöglichkeit: Entlang der Straße am nördlichen Ortsausgang
A-5532 Filzmoos
+43 (0)664 1734507

ZWISCHENSTATION AM KRAPFENHATSCHER

Kirchgasshütte auf der Aualm

Wer im Filzmooser Ortsteil Hinterwinkl die Bergschuhe schnürt, um auf die Kirchgasshütte am Fuße der Bischofsmütze zu wandern, kann das aus mehreren – sehr guten – Gründen tun: wegen des grandiosen Ausblicks bis hin zu den Kitzbüheler Alpen, wegen der guten Käsejausen, wegen der netten Sennerin oder wegen der berühmten Krapfen, die diese täglich in der Küche zaubert.

Justina Rettenwender ist die Tochter vom Kirchgassbauer in Filzmoos, gelernte Köchin und im Sommer die Wirtin auf der familieneigenen Alm, wo außer ihr noch Kühe und Kälber die Sommerfrische auf 1.366 Metern Seehöhe verbringen. Augenfällig an der kleinen Hütte ist das ungewöhnliche Pultdach: Es zeugt davon, an welch exponierter Stelle die Kirchgasshütte steht. Dreimal wurde diese schon von Lawinen völlig zerstört; seit sie 1967 mit langgezogenem Dach neu erbaut wurde, hält sie allen Schneemassen wacker stand.

Die Kirchgasshütte ist die erste Einkehrmöglichkeit am Filzmooser Krapfenhatscher, einem Rundwanderweg, auf dem an mehreren Stationen die jeweiligen Krapfenspezialitäten aus der Pongauer Schmankerlküche verkostet werden können.

Auf der Kirchgasshütte bäckt Justina täglich die traditionellen Bauernkrapfen aus Germteig nach einem alten Rezept und in Erinnerung an ihre Oma Annemarie: Von Mitte Mai bis Ende September ist das händische Teiganrühren das erste, was sie nach ihrer morgendlichen Ankunft auf der Alm tut. Bis zu 100 Wanderer kommen an einem schönen Sommertag und bis zu 40 Krapfen werden dann verkauft. Serviert wird das noch warme Schmalzgebäck mit Staubzucker und selbst gemachter Erdbeer- oder Marillenmarmelade. Wer kein Fan von in Fett herausgebackenen Krapfen ist, wird sich hingegen über die Käsevielfalt freuen, die Justina gemeinsam mit ihrer Mutter herstellt. Das berühmte Bauernhofeis ihres Vaters allerdings gibt es nur unten im Tal.

Gut 90 Minuten dauert die Wanderung auf die Aualm: Der Krapfenhatscher führt weiter auf die Sulzkaralm, die Hofpürglhütte und zu den Hofalmen.

51

Rossbrand
Erreichbar per Papageno-Gondelbahn von A-5532 Filzmoos; per Auto oder Bus ab Radstadt
www.filzmoos.ski

Radstadt Tourismus
Schernbergstraße 8
A-5550 Radstadt
+43 (0)6452 7472
www.radstadt.com

»Kleines Skandinavien« der Ostalpen

Rossbrand (1.768 m)

Wer schon einmal durch einen lichten schwedischen Wald oder das norwegische Fjell gestreift ist, der könnte auf dem Rossbrand von so mancher Erinnerung eingeholt werden: Vor allem im Frühling, kurz nach der Schneeschmelze, wenn im Tal bereits alles blüht und grünt, ist die Natur da oben noch um Wochen hinterher. Dann blühen die ersten Soldanellen und das Moor ist von Eisschollen überzogen. Wer in den frühen Abendstunden und noch zur Straßenwintersperre eine Wanderung unternimmt, ist verleitet, nach dem ein oder anderen Elch oder einer Elfe Ausschau zu halten, zumindest aber nach Fuchs und Hase. Die Sonne verschwindet hinter den Baumwipfeln und verwandelt den Gipfelplatz in eine in sanftes Licht getauchte Bühne mit langen Trollschatten.

Doch vielleicht ist dieser Lieblingsplatz auch nur ein Lieblingsplatz, wenn man zur richtigen Zeit am richtigen Ort ist. Denn der 1.768 Meter hohe Rossbrand wird in Werbebroschüren als »wahrscheinlich schönster Aussichtsberg der Ostalpen« beschrieben und ist gerade an schönen Tagen stark frequentiert.

Der langgezogene Rücken, der in früheren Zeiten als Weidefläche für Pferde genutzt wurde, bietet einen fantastischen Rundblick: Scheinbar auf Augenhöhe begegnet man dem kantigen Dachsteinmassiv mit dem Gosaukamm und der Bischofsmütze, ebenfalls ganz nah erscheinen der Hochkönig und das Tennengebirge. Weiter in der Ferne leuchten die Niederen Tauern sowie die Hohen Tauern mit den höchsten Bergen Österreichs. In Richtung Norden verweisen die Gipfel der Osterhorngruppe auf die Ausläufer der Voralpen und der markante Gaisberg auf die Lage der Stadt Salzburg.

Auf der Rossbrandstraße kommen auch motorisierte Ausflügler und Familien ganz leicht auf den Gipfel: Der neue *Filz & Moor*-Naturerlebnispfad lädt große und kleine Entdecker dazu ein, die Fauna und Flora rund um den Gipfel zu erforschen.

Im Winter lädt die 16 Kilometer lange Rossbrand-Höhenloipe zum Langlaufvergnügen bis weit in den Frühling: Hinauf geht's mit der Papageno-Gondelbahn ab Filzmoos.

52

Mandlberggut
Mandlbergweg 11
A-5550 Radstadt
+43 (0)6454 7660
www.mandlberggut.com

ESSENZEN DER NATUR

Mandlberggut

Was kommt dabei raus, wenn eine Familie sehr eng miteinander verbunden ist und die Liebe zu Natur und Gesundheit, zu Genuss und Ästhetik teilt? Diese Frage beantwortet sich auf dem Mandlberggut in Radstadt von selbst. Denn Familie Warter hat auf 980 Metern Seehöhe ein kleines Traumplatzerl geschaffen und wirkt und werkelt hier – ganz nah am majestätischen Dachstein – in zwei Generationen. Vater Bernhard und Tochter Theresa sind vielfach ausgezeichnete Edelbrenner, die sich darauf verstehen, regionale Rohstoffe in Hochprozentiges zu verwandeln, das seinesgleichen sucht: Himbeergeist gibt es, Gelben-Muskateller-Traubenbrand, Marillen- und Zwetschgenbrand, Rosenlikör, aber auch Gin und Whiskey und vieles mehr entstehen in der Dachstein-Destillerie des Mandlbergguts. In der Schaubrennerei werden interessierte Besucher in die Kunst des Destillierens eingeweiht.

Direkt daneben befindet sich mit der traditionellen Latschenbrennerei das Reich von Tochter Katharina. Die Familie hat die Berechtigung, die Kiefern hoch oben am Tauern zu ernten, um daraus das hochwirksame alpine Latschenkiefernöl herzustellen. Die kleine Hütte – ein mystischer Ort aus altem Holz – ist Katharinas Lieblingsplatz seit Kindheitstagen: Damals litt sie unter Asthma und ihre Mutter richtete ihr ein Bett über dem Brennkessel. Heute ist sie dank der Natur beschwerdefrei. Als TEH-Praktikerin hat sie sich tief in die Geheimnisse des traditionellen alpinen Heilwissens der Bäuerinnen – auch bekannt als Traditionell Europäische Heilkunde – eingearbeitet und lässt diese in ihre Produktentwicklungen einfließen. Im Shop können alle handgemachten Erzeugnisse vom Edelbrand bis zur Pechsalbe gekauft werden. Und zum Abschluss empfiehlt sich, die köstlichen Torten und Kuchen von Mutter Doris zu probieren.

Wer sich vom Mandlberggut gar nicht mehr trennen kann, hat die Möglichkeit, in den Ferienwohnungen des neu errichteten Gutshauses einen längeren Urlaub zu verbringen.

58

Altenmarkter Bauernregelweg
Startpunkt: Köpferkehre
A-5541 Altenmarkt
+43 (0)6452 7177
www.bauernregelweg.at

Altenmarkt-Zauchensee Tourismus
Sportplatzstraße 6
A-5541 Altenmarkt-Zauchensee
+43 (0)6452 5511
www.altenmarkt-zauchensee.at

BRINGT HUBERTUS SCHNEE UND EIS …

Bauernregelweg

Die Wolken, die Farbe des Himmels oder die Vögel – man weiß nicht so genau, worauf die Bauern achten, wenn sie das Wetter vorhersagen. Sicher ist, dass sie mit ihren Beobachtungen ganz oft richtig liegen. Denn die Elemente und die Natur geben seit Tausenden von Jahren Aufschluss über nahende Wetterphänomene. Gut beobachtet und verpackt in kleine Sprüche bleiben sie in Erinnerung und wurden so von Generation zu Generation weitergegeben.

Wer sich nur ein klein wenig für dieses überlieferte bäuerliche Wissen interessiert, sollte sich aufmachen, um den Bauernregelweg am Schwemmberg bei Altenmarkt zu erwandern: Der 4,9 Kilometer lange Rundweg führt über idyllische Almwiesen, durch beerenreiche Wälder und bietet schöne Ausblicke auf den Ennspongau. Die Idee hinter diesem Lehrpfad ist richtig gut und die Umsetzung erfolgte mit viel Liebe zum Detail. Mehr als nur bauernschlau wird man bei Sprüchen wie diesen: »Wenn Schäfchenwolken am Himmel steh'n, kann man ohne Schirm spazieren geh'n« oder »Abendrot – Gutwetterbot, Morgenrot – Schlechtwetter droht«. Alle zehn Wetterregeln entlang des Aufstiegs vom Ausgangspunkt an der Köpferkehre bis zur Reitlehenalm werden meteorologisch erklärt und damit wissenschaftlich untermauert.

Ähnlich verhält es sich mit den zwölf Bauernregeln, die sich auf sogenannte Lostage beziehen: Der Begriff »losen« bedeutet horchen. Und ein Lostag fordert dazu auf, gut hinzuhören; wenn an ausgewählten Tagen im Jahr bestimmte Vorkommnisse auftreten, so lassen diese Rückschlüsse auf bevorstehende Ereignisse zu. So etwa die Regel zum Siebenschläfertag am 27. Juni, die besagt: »Regnet es am Siebenschläfertag, der Regen sieben Wochen nicht weichen mag.«

Wie immer das Wetter auch sein mag, es ist nie zu schlecht, um den Bauernregelweg zu erwandern: Und sogar im Winter ist die Tour für Schneeschuhwanderer ausgeschildert.

Ein schönes Panorama, viele Tiere und eine biologische Jause erwarten Wanderer auf dem Habersattgut am Ende der Tour. Hier gilt die Regel: Unbedingt einkehren!

54

Matrashaus am Hochkönig
+43 (0)6467 7566
(im Sommer)
+49 (0)8650 984733
(im Winter)
www.matrashaus.at

Startpunkt Aufstieg:
Berghotel Arthurhaus
Mandlwandstraße 110
A-5505 Mühlbach am Hochkönig
+43 (0)6467 7202
www.arthurhaus.at

GIPFELGLÜCK MIT SONNENAUFGANG

Matrashaus am Hochkönig (2.941 m)

Unglaubliche 261 Dreitausender soll es im Salzburger Land geben und über 200 davon sieht man vom Hochkönig aus. Diesem selbst fehlen nur 59 Meter, um sich in die Liste der ganz Großen einzureihen. Dennoch ist das Franz-Eduard-Matras-Haus auf dem Gipfelplateau eine der höchstgelegenen Schutzhütten der Alpen und der Hochkönig die höchste Erhebung der Berchtesgadener Alpen (!). Durch die Grenznähe zu Bayern rücken weitere mächtige Gipfel ins Blickfeld des Betrachters, darunter der Watzmann oder der Hochkalter.

Wer sich auf den Weg machen möchte, um diesen gigantischen Logenplatz zu erreichen, muss früh aufbrechen: Vom Arthurhaus über die Mitterfeldalm, Ochsenkar und Schartensteig bis zum Matrashaus sind es laut Beschilderung an die sechs Stunden Aufstieg. Wer gemütlich geht und Pausen einlegt, darf noch ein paar Stündchen drauflegen.

Auf dem Weg zum Gipfel passiert man die mächtige Torsäule, die ein Eldorado für Felskletterer ist. Weiter geht es zur *Übergossenen Alm* – ein Gletschergebiet, von dem nur noch wenig Eis zu sehen ist. Der Legende nach gediehen hier einst fruchtbare Almwiesen und die Sennerinnen genossen ein ausschweifendes Leben. Sie badeten in Milch und pflasterten die Wege mit Butter- und Käselaiben. Als jedoch eines Tages ein alter Mann erschöpft an ihre Tür klopfte und um Unterkunft bat, wiesen sie ihn barsch ab. Das himmlische Strafgericht erließ ein schnelles Urteil: Schwarze Wolken türmten sich über den Teufelslöchern und binnen weniger Stunden lag die Alm unter einem eisigen Schneefeld begraben.

Angesichts dieser Geschichte ist man nach dem mehrstündigen Aufstieg glücklich zu erfahren, dass auf dem Matrashaus kein Wanderer abgewiesen wird. Eine Reservierung wird zwar dringend empfohlen, aber Abendessen und ein Notlager gibt es für alle. Denn es wäre schade, den sagenhaften Sonnenaufgang zu verpassen.

Das Matrashaus ist ab Mitte / Ende Juni geöffnet. Der Winterraum mit acht Lagern ist immer offen, verfügt aber über keine Heiz- oder Kochmöglichkeit.

55

Liechtensteinklamm
Liechtenstein-
klammstraße 123
A-5600 St. Johann im
Pongau

Tourismusverband
St. Johann in Salzburg
Ing.-Ludwig-Pech-Straße 1
A-5600 St. Johann im
Pongau
+43 (0)6412 6036
www.josalzburg.com

WASSERSPEKTAKEL À LA HOLLYWOOD

Liechtensteinklamm

Ganz ehrlich: George Lucas und Peter Jackson könnten das nicht besser. Ach was! Wahrscheinlich wären die Hollywood-Regisseure neidisch auf das, was die Großarler Ache in Tausenden von Jahren geschafft hat: Eine fast 300 Meter tiefe Schlucht zu bilden, die nicht nur zu den größten und schönsten der Alpen zählt, sondern auch ganz ungefährlich mit Kindern – ähnlich einer künstlichen Erlebniswelt – erwandert werden kann.

Los geht's am unteren Ende der Klamm: Schon von weitem hört man die Wassermassen rauschen. Leiser wird die Geräuschkulisse in der nächsten Stunde nicht: So lange dauert der Weg zum Schleierfall und wieder zurück. Doch das Tosen gehört zum Spektakel, ebenso wie der Sprühregen, die überhängenden Wände und die Engstellen. Das Wasser schimmert in schönsten Grün-Türkis-Tönen, massive Baumstämme haben sich zwischen Steinblöcken verkeilt wie Zahnstocher. Bizarre Felsformationen erinnern an Löwen oder Stierköpfe und sehen aus wie Pappmaché: Grandios inszeniert mit tosender Gischt, in den Himmel ragenden Wänden und Hinweisschildern »Gruppenbildungen auf den Brücken vermeiden«.

Seit dem 6. Juni 1876 ist die Liechtensteinklamm über Wege, Brücken und hölzerne Stege für die Öffentlichkeit zugänglich. Davor wagten sich nur Holztrifter und Jäger an diesen gespenstischen, sagenhaften Ort. Und solche, die von den warmen Klammquellen wussten und sich davon Heilung für mancherlei Leiden versprachen. Tatsächlich soll es diese 15 bis 18 Grad warmen Quellen an mehreren unzugänglichen Stellen geben. Alle Versuche, sie nutzbar zu machen, misslangen jedoch. Und wenn es nach der Sage geht, dann wird das auch so bleiben: Denn der Teufel persönlich soll nach einer verlorenen Wette wutentbrannt die warmen Quellen in die Tiefe der Felsenge geschleudert haben, auf dass sie für den Menschen nie mehr zu erreichen sein sollen. George Lucas wäre doch begeistert … oder?

Neuer architektonischer Höhepunkt der Klamm ist die *Helix*: Die Wendeltreppe aus Corten-Stahl ragt bis zu 30 Meter in die Tiefe und eröffnet ein spektakuläres Erlebnis zwischen Fels und Wasser.

56

1912 wurde die Lungenheilanstalt Grafenhof erbaut, heute ist hier die Landesklinik St. Veit untergebracht

Thomas-Bernhard-Wanderweg
Startpunkt: Marktplatz
A-5621 St. Veit im Pongau
+43 (0)660 1228855
www.museumsverein-stveit.com

VERBOTENER LIEBLINGSSPAZIERGANG

Thomas-Bernhard-Wanderweg

Der Begriff »Salzburger Sonnenterrasse« und die hier herrschende Idylle eines Kurortes scheinen im krassen Gegensatz zu Thomas Bernhards autobiografischem Roman *Die Kälte – eine Isolation* zu stehen. Doch unter gänzlich anderen Vorzeichen kam der Schriftsteller 1949 als 18-Jähriger für zwei Jahre nach St. Veit – allein und lungenkrank. Seine Tage verbrachte er in der verhassten Lungenheilstätte Grafenhof stundenlang bewegungslos liegend in der offenen Liegehalle: Mit Blick auf das Heukareck, das dem Ort rund vier Monate Schatten im Jahr beschert.

Mehr aus Langeweile und gegen das Vergessen begann Bernhard zu schreiben und immer öfter begab er sich auf verbotene Spaziergänge, sollte er sich während seines Aufenthals doch vor allem schonen: Sein liebster Weg – über die Geiersbichl-Rast zur Kirche über den Marktplatz und zurück in die Anstalt – ist dem Schriftsteller gewidmet und dauert rund 90 Minuten.

Startpunkt ist der Marktplatz von St. Veit, von wo der Weg zur denkmalgeschützten Jugendstilkapelle Heilig-Kreuz bei der ehemaligen Lungenheilanstalt Grafenhof führt. Der alte Trakt mit geschnitzten Giebeln und hölzernen Dachschindeln der heutigen Landesklinik St. Veit hat wohl schon zu Bernhards Zeiten so ausgesehen. Der Weg verläuft durch den Kurpark, die Geiersbichl-Rast eröffnet wunderbare Ausblicke über den Ort. Weiter geht es zum Seelackenmuseum, wo dem Schriftsteller zwei Schauräume gewidmet sind, durch die Sonnleitensiedlung zur gotischen Pfarrkirche: Hierher kam Bernhard immer wieder, um bei Anna Janka Gesangsunterricht zu nehmen. Sie ist ebenso auf dem Friedhof bestattet wie der Maler Rudolf Holz, dem Bernhard in seinem Buch *Frost* ein literarisches Denkmal gesetzt hat. Der Schriftsteller selbst schloss Frieden mit dem Ort und kehrte als Urlaubsgast über 30 Jahre hinweg nach St. Veit zurück.

Im *Sonnhof by Vitus Winkler* in St. Veit steht einer der besten Köche Österreichs am Herd: Vitus Winkler hebt die traditionelle alpine Küche seiner Heimat auf ein Vier-Hauben-Niveau.
www.sonnhof-vituswinkler.at

57

Moorbadeanstalt am Goldegger See
Hofmark 41a
A-5622 Goldegg
+43 (0)6415 81030
www.moorbadeanstalt-goldegg.com

NOSTALGISCHES SCHWIMMVERGNÜGEN

Moorbadeanstalt am Goldegger See

Schon der Name lässt erahnen, dass es sich bei der Moorbadeanstalt nicht um eine neumodische Erfindung handelt: Heute würde eine ähnlich geartete Einrichtung vielleicht Freizeit- oder Strandband genannt. Doch als die Badeanstalt im Jahre 1912 am moorigen Goldegger See erbaut wurde, setzte man auf Schlichtheit. Immerhin war es nicht ausschließlich das Vergnügen, dem man mit der Anstalt Rechnung tragen wollte. Es ging vielmehr um die Gesundheit des eigenen Körpers.

Denn nicht weit von Goldegg entfernt befand sich mit Bad Gastein ein Kurort von Weltruhm: Nach Goldegg – so die Überlieferungen – kam die hohe Herrschaft samt Entourage nach ihrem Aufenthalt im Gasteinertal zum »Nachkuren«.

Heute muss man kein Scheich, Kurgast oder Kaiser mehr sein, um die Moorbadeanstalt zu benutzen. Königlich fühlt es sich aber an, nach einem ausgedehnten Sonnenbad auf den Holzpritschen in das dunkle, samtige Moorwasser des Goldegger Sees zu steigen. Kein Chlor brennt in den Augen, nur ein Hecht könnte die eigene Schwimmbahn kreuzen. Die Moorbadeanstalt ist eine der ganz wenigen Lärchenholzbäder im Salzburger Land und fügt sich architektonisch perfekt in das Landschaftsbild von Goldegg mit Blick auf das Schloss am gegenüberliegenden Seeufer ein. Die Anlage wurde 2022 generalsaniert.

Das Moorwasser tut nach wie vor seine heilsame Wirkung, auf die bereits der schweizerisch-österreichische Arzt und Alchimist Paracelsus verwies. Moor besteht zum größten Teil aus organischen Substanzen und gilt als einzigartiger Naturcocktail: Es soll die Abwehrkräfte steigern, den Stoffwechsel aktivieren und die Haut schöner machen. Auf einer kleinen Insel im Goldegger See können sich besonders Mutige den Körper mit Moor einreiben, doch das muss nicht sein: Schon allein das Schwimmen in dem weichen, bis zu 26 Grad warmen Wasser trägt zum ganzheitlichen Wohlbefinden – und zum Glück – bei.

Seit über 40 Jahren finden alljährlich im Juni die *Goldegger Dialoge* im Schloss statt: Unter dem Motto »Gesundheit ist lernbar« stehen Workshops, Kurse und Vorträge auf dem Programm.

58
Felsentherme
Bad Gastein
Bahnhofplatz 5
A-5640 Bad Gastein
+43 (0)6434 22230
www.felsentherme.com
Gasteiner Heilstollen
Heilstollenstraße 19
A-5645 Bad Gastein
+43 (0)6434 37530
www.gasteiner-
heilstollen.com
Wassertiefe 1.20m
ca. 32°C

WASSERSPASS IM 1968ER-RETRO-LOOK

Felsentherme

Die Felsentherme im Gasteinertal wird zwar gerne als älteste Therme Österreichs bezeichnet, dennoch dürfen Sie keinen Bau im Stile der Belle Époque erwarten. Auch wenn das architektonische Erscheinungsbild Bad Gasteins zu dieser Annahme verleiten könnte.

Die Felsentherme wurde Ende der 1960er-Jahre erbaut und 2004 im großen Stile modernisiert. Doch nur zu weiten Teilen, nicht gänzlich. Und so blieb die Ruhetherme – das erste große Becken gleich nach den Umkleidekabinen – genau so erhalten, wie sie 1968 erbaut wurde: mit viel Sichtbeton, hellblauen Mosaiksteinen und psychedelisch anmutenden Farben, erzeugt durch die indirekte Beleuchtung.

Auf den ersten Blick könnte sich diese Architektur auch in einer U-Bahn-Station einer deutschen Großstadt wiederfinden – sehr retro und herrlich altmodisch! Natürlich erfüllen die großzügige Saunalandschaft und die Erlebnistherme mit Wasserfall, Strömungskanal und Kleinkinderbecken alle Ansprüche wellnessbedürftiger Badegäste, doch irgendwie zieht es einen doch immer wieder zurück in dieses unspektakuläre Becken, das Erinnerungen an alte Zeiten hervorruft, als es noch eine Badehaubentragepflicht gab.

Überall in der Felsentherme ist der Naturfelsen sichtbar, der der Einrichtung ihren Namen verlieh. Schier unglaublich erscheint die Menge des frischen Thermalwassers, das permanent durch die Therme sprudelt. Aus 18 Quellen am Fuße des Graukogels schießen täglich fünf Millionen Liter stark radonhaltiges Heilwasser mit 46,4 Grad Celsius. Für die Nutzung in der Felsentherme wird es entradonisiert, abgekühlt und gereinigt. Dennoch zeigt das mineralhaltige Wasser in den Becken positive Wirkung auf Körper, Geist und Seele. Das stark wirksame Radonwasser bleibt jedoch den Therapie- und Kuranwendungen vorbehalten, wie sie etwa im Kurhaus Bad Gastein oder im Badehospiz angeboten werden.

Eine weltweite Besonderheit ist der Gasteiner Heilstollen mit seinem hochwirksamen Heilklima tief im Inneren des Berges.

59

Kapellen-Wanderweg
Startpunkt: Pfarrkirche
Parkplatz Dorfstraße
A-5611 Großarl
www.kapellen-wanderweg.at

Tourismusverband Großarltal
Gemeindestraße 6
A-5611 Großarl
+43 (0)6414 281
www.grossarltal.info

»Grüß Gott« auf Schritt und Tritt

Kapellen-Wanderweg durch das Großarltal

Gewandert wird im Großarltal – dem Tal der Almen – zumeist von Hütte zu Hütte, auf dem Salzburger Almenweg oder auf die Gipfel. Doch es gibt eine Alternative, die nicht minder himmlisch anmutet: der 17,5 Kilometer lange Kapellen-Wanderweg. Er führt auf dem Talboden von Großarl vorbei am Bersteigerdorf Hüttschlag – einst hochmittelalterliche Bergwerkssiedlung für den Kupfer- und Schwefelabbau – bis in den Talschluss auf 1.045 Metern im Nationalpark Hohe Tauern.

Gesäumt ist der Weg von zehn Kapellen. Die Türen dieser kleinen Gotteshäuser stehen offen, eintreten ist nicht nur erlaubt, sondern ausdrücklich erwünscht: Wer mag, nimmt sich ein wenig Zeit zur inneren Einkehr, zum Rasten oder einfach nur, um den letzten Anklang von Weihrauch in der Luft zu erschnuppern. Wer sich die Begleitbroschüre im Tourismusverband in Großarl geholt hat, kann nachlesen, welchem Wunsch die jeweilige Kapelle gewidmet ist. Denn die Ideengeberin des Kapellen-Wanderwegs, die Hüttschlager Almrösl-Wirtin, hat die Zehn Gebote zu Wünschen umformuliert und sie jeweils einer Kapelle gewidmet.

Der Weg führt durch Wiesen, Wälder und vereinzelt auch entlang der Straße: Schon von Weitem ist als erste Station die 1860 erbaute Laireitingkapelle erkennbar. Neun weitere Kirchlein folgen bis hin zur Hubertuskapelle, die 1995 vom ehemaligen Knappenweiler Karteis in den Talschluss versetzt wurde.

Die Richtung ist durch die landschaftlichen Gegebenheiten vorgegeben: Es geht taleinwärts. Und je weiter man in das Großarltal vordringt, umso beeindruckender wird die Kulisse: Wasserfälle stürzen von gigantisch hohen Wänden, die sich aus steilen Wiesen aufschwingen. Es scheint beinahe so, als stehle die Natur dem Glauben die Schau. Aber gerade darin liegt wohl das Geheimnis verborgen: All das ist Schöpfungswerk und man braucht kein religiöser Mensch zu sein, um die darin liegende Schönheit zu erkennen.

Ausschließlich schmiedeeiserne Kreuze gibt es auf dem Hüttschlager Friedhof: ein wunderbares Kleinod mit Blick auf weidende Schafe und die mächtige Hüttschlager Wand.

60

Karseggalm
Großarl-Eggriedl
A-5611 Großarl
+43 (0)664 9962188
www.karseggalm.at

Glocknerblick im »Tal der Almen«

Karseggalm

Nirgendwo gibt es so viele bewirtschaftete Almen wie im Großarltal: Rund 40 sind es an der Zahl und die urigste unter ihnen ist die 400 Jahre alte Karseggalm. Gut 75 Minuten dauert der Aufstieg vom Parkplatz Sonneggbrücke und schon bald eröffnet sich ein gigantischer Blick auf das grasgrüne Höllwandmassiv, den Schuhflicker und den Hochkönig.

Bei der Hütte angelangt, erwartet Wanderer eine weitere Überraschung: Mit ein wenig Wetter- und Wolkenglück können sie ihre Almjause sogar mit Blick auf den Großglockner verzehren.

Doch wer auf die Karseggalm kommt – die zum biologisch bewirtschafteten Eggbauern unten im Tal gehört – wird erst einmal abgelenkt: von kleinen Zicklein, einem Pony, dem Schaf und dem Kitzstein, dessen Gipfelkreuz von unten wie eine Miniatur wirkt.

Die Hütte selbst scheint unter dem uralten Dach Schutz zu suchen. Ein mächtiger Hollerbusch flankiert den mit Almrosen geschmückten Eingang, aus der offenen Tür dringt Rauch, ein Feuer flackert im Inneren. Besucher, die zum ersten Mal auf der Karseggalm sind, können kaum glauben, was sie da sehen: eine offene Feuerstelle ohne Kamin, schwarz geräuchertes Holz, zwei Kessel – einer mit Käse und der andere mit Wasser befüllt –, ein gestampfter Lehmboden. Auf den Balken über dem Feuer reift der Knetkäse, bevor er wie fein geriebener Parmesan zur Brettl- oder Käsejausen serviert wird.

Die Almleute Willi und Helga, die den ganzen Sommer auf der Alm bleiben, sind die staunenden Blicke gewöhnt und führen gerne durch die Stuben. Wer Glück hat, darf sogar einen Blick ins private Schlafzimmer im Heulager werfen.

Wer sich dann endlich dem kulinarischen Angebot widmen möchte, sollte unbedingt die Käsesorten probieren – vom Süßkäse über den Ölkäse bis hin zum Knetkäse, den es nur im Großarltal gibt. Und zum Abschluss ein *Lärcherl* – ein angesetzter Schnaps aus Lärchenzapfen.

Von Mitte Juni bis Ende September gibt's einmal wöchentlich ein Schaukäsen auf der Karseggalm: Die Termine erfährt man über den Tourismusverband.

61

Burgstallhütte
Flachauwinkl
A-5542 Flachau
+43 (0)6457 2950
www.burgstallhuette.com

ZU GAST BEI DER »QUEEN OF HEARTS«

Burgstallhütte bei Flachauwinkl

Jahrelang habe ich die Burgstallhütte auf der Talabfahrt in Richtung Flachauwinkl auf Skiern links liegen gelassen. Bis ich den Tipp bekam, dort unbedingt einen Einkehrschwung zu wagen.

Tatsächlich war die Skihütte – eine rund 400 Jahre alte Knappenrast – eine Entdeckung. Und zwar in mehrfacher Hinsicht. Sie verfügt über eine lange und wechselvolle Geschichte: Der älteste Raum – heute das Stüberl – wurde bereits vor 390 Jahren urkundlich als Gesindekammer erwähnt. Hoch oben auf dem Berg wurde Eisenerz abgebaut und die Hütte diente den Knappen ab dem 17. Jahrhundert als Zwischenstation auf 1.400 Metern Seehöhe. Nach dem Erliegen des Erzabbaus wurde die Holzhütte als Alm genutzt, bis sie im Winter 1987/88 von einer damals 18-Jährigen als Skihütte eröffnet wurde.

Regina Seiwald ist in den letzten 35 Jahren ihrer Philosophie immer treu geblieben: bestes hausgemachtes Essen, feinste Zutaten aus der Region, höchste Qualität und ehrliche Gastfreundschaft. Mittlerweile bringt schon die nächste Generation ihre Ideen ein und hält doch die alten Werte in Ehren. »Die Leute finden hier eine Art Urlaubszuhause«, so Regina Seiwald, die aufgrund ihrer Sammelleidenschaft für Herzen auch »Queen of Hearts« genannt wird. »Nach einem guten Essen fühlen sich die Gäste besser als zuvor.« Und tatsächlich gelingt dieser Vorsatz: So wärmt beispielsweise der *O-Power-Suppentopf*, der von den Salzburger 5-Hauben-Köchen Rudi und Karl Obauer kreiert wurde, den Bauch und nährt zugleich die Seele. Hüttenwirt Franz Seiwald hingegen sorgt mit seinem Charme und Witz für beste Unterhaltung und so manchen Lacher. Schnell wird klar: Wer als Fremder kommt, geht als Freund. Für das Wirtspaar steht schon lange fest: »Diese Hütte hat eine gute Seele.«

Und als vor einigen Jahren eine Schamanin festgestellt hat, dass in der Hütte ungewöhnlich viele Liebes- und Harmoniepunkte aufeinandertreffen, hat das auch niemanden weiter verwundert.

Die Burgstallhütte ist jeweils von Dezember bis Ostern geöffnet. Süßspeisenliebhaber werden täglich neu überrascht.

62

Tappenkarsee
Startpunkt Wanderung:
Parkplatz
Jägersee oder Schwabalm
A-5603 Kleinarl

Wagrain-Kleinarl Tourismus
Markt 14
A-5602 Wagrain-Kleinarl
+43 (0)6413 8448
www.wagrain-kleinarl.at

IM REICH DES RACHSÜCHTIGEN LINDWURMS

Tappenkarsee

Was für ein funkelndes Juwel und welch romantischer Platz! Eingebettet in den Niederen Tauern ist der Tappenkarsee auf 1.762 Metern ein gut verstecktes Wanderziel. An seinem Ufer lässt es sich bei schönem Wetter herrlich wandern und entspannen. Doch wehe, es ziehen Wolken oder Nebelschwaden auf: Schlagartig wird klar, warum der Tappenkarsee in früheren Zeiten als furchteinflößender Ort in Verruf war. Die Alpen bargen unzählige Gefahren für den Menschen. Und immer dort, wo unerklärliche Phänomene Mythen hervorriefen, entstanden Legenden. So auch hier.

Der Sage nach sorgte einst ein gefräßiger Lindwurm für viel Schrecken rund um den bis zu 50 Meter tiefen See. Er verschlang alles, was sich am Ufer bewegte, und so beschlossen einige starke Männer, das Ungeheuer zu töten. Doch der Plan misslang: Der Lindwurm wurde nur verletzt. Seither sitzt er voller Rachegelüste auf dem Grund des Sees und nagt am Felsen, der den Tappenkarsee zum Kleinarler Tal hin begrenzt. Sollte es ihm je gelingen, die Wand zu durchbrechen, wird das gesamte Tal bis nach Wagrain unter den Wassermassen versinken. Nessie im weit entfernten Schottland scheint im Vergleich dazu ein Kuscheltier zu sein.

Mit diesem Wissen im Rucksack wandert man besonders beschwingt die rund 90 Minuten über den zum Teil herausfordernden Steig zum größten Bergsee der Ostalpen. Weiß man doch nicht, wie lange es ihn noch geben wird. Oben angelangt, wird man reich belohnt: Mit der Tappenkarseealm und der Tappenkarseehütte laden gleich zwei bewirtschaftete Hütten zur kulinarischen Einkehr. Auf eine idyllische Uferwanderung sollte man dennoch nicht verzichten; einfach um die herrliche Abgeschiedenheit des Sees so richtig zu genießen. Wem das noch nicht genug ist, dem stehen zahlreiche Touren zur Auswahl: so etwa der Aufstieg zum beeindruckenden Draugstein oder zum Kreuzeck oder weiter auf dem Salzburger Almenweg.

Wer keine Lust zu wandern hat, bleibt im Tal und »chartert« am idyllisch gelegenen, kristallklaren Jägersee ein Ruderboot. Mehr Romantik geht kaum.

LUNGAU

Blick zum Preber

68

Almwanderweg
Startpunkt: Parkplatz Riedingtal am Schlierersee
Wald Nr. 36
A-5584 Zederhaus
www.naturpark-riedingtal.at
www.lungau.at

Ein landschaftliches Juwel

Almwanderweg im Naturpark Riedingtal

Wer in den Naturpark Riedingtal möchte, hat zuerst einen lauten und wenig beschaulichen Wegbegleiter: Die Tauernautobahn – eine der wichtigsten Nord-Süd-Verbindungen durch die Alpen – führt durch das einst abgelegene Zederhaustal im Lungau. Umso bemerkenswerter erscheint einem dann die plötzliche Ruhe und Abgeschiedenheit dieses Lieblingsplatzes. Zu hören sind nur noch Vogelstimmen, das Plätschern der Wasserfälle und Bäche und das Läuten der Kuhglocken. Das idyllische Tal lädt dazu ein, mit allen Sinnen in die Natur einzutauchen – im Wissen, dass die echte Welt nicht weit entfernt ist. Fast so, als würde man das Tor in eine andere Dimension öffnen.

Der Almwanderweg im Naturpark Riedingtal beginnt am modernen Naturparkhaus direkt am Schlierersee auf 1.495 Metern Seehöhe. Von hier aus führt der sechs Kilometer lange Themenweg zu acht Almen. Diese sind Themenstationen entlang des Weges, aber auch ideale Einkehrmöglichkeit. Die Almleute kredenzen allesamt Lungauer Köstlichkeiten, hausgemacht und nach alten Rezepten zubereitet. In rund 45 Minuten ist beispielsweise die Untere Eßlalm mit den Resten eines Hochofens und einer Schlackenhalde erreicht. Die Station *Der Bergbau – Zeugen einer vergangenen Zeit* erinnert an die Ära des Kupferabbaus im hintersten Riedingtal bis in die Jahre um 1850.

Nach rund 90 Minuten ist man an der Zauneralm (1.700 Meter), einer von über 170 zertifizierten Almsommer-Hütten, die es im Salzburger Land gibt. Auf der Hütte dreht sich alles rund ums Thema »Kräuter und Milch«: Vom würzigen Kräutertopfen über das Molkefußbad für müde Beine bis hin zur selbst gemachten Alpenkräutercreme. Endpunkt der Wanderung ist die Örgenhiasalm (1.712 Meter), wo täglich frische Almbutter und Buttermilch hergestellt werden. Wer nicht den ganzen Weg oder nur eine Strecke zu Fuß zurücklegen möchte, der kann auf den Service des Tälerbusses zurückgreifen.

Kraft der stillen Wasser heißt ein weiterer Themenweg im Riedingtal: Er führt entlang des Tauernhöhenweges und vorbei an Rothenwänder-, Esser-, Zauner-, Hoisl- und Ilgsee.

64

Burg Mauterndorf
Markt 27
A-5570 Mauterndorf
+43 (0)6472 7426
www.salzburg-burgen.at

VON DER MAUTSTATION ZUM MUSEUM

Burg Mauterndorf

Warenzoll und Wegegeld braucht heute niemand mehr auf der Burg Mauterndorf zu entrichten: Die Straße über die Alpen führt schon lange nicht mehr durch die ehemalige Mautstelle, sondern nur an ihr vorbei.

Doch die trutzige Burg einfach links oder rechts liegenzulassen, wäre schade. Immerhin ist sie eine von drei erhaltenen Mautstellen entlang der *Via Imperialis*, dem römischen Handelsweg von Süden nach Norden. Hinter den dicken Mauern verbirgt sich ein Museum, das zwar aus kunsthistorischer Sicht nicht ganz so bedeutsam ist, dafür aber umso unterhaltsamer. Begrüßt wird man schon am Eingang von der Sonnenuhr und einem Fuhrwerk samt Pferd und Säumer. Überall in der Burg begegnet man diesen Figurinen, Menschen in authentischen Gewändern und Tieren.

Mit individueller Audioguide-Führung geht es über den Burghof in die Burg mit Kapelle, Sälen, Gewölben und Gemächern. Im Felsenkeller können kleine Ritter eine Rüstung anprobieren. In der Kleiderkammer dürfen sich Besucher mittelalterlich »gewanden« und im Rittersaal wird eine festliche Tafel gedeckt. Die witzigste Figurine? Der Erzbischof Leonhard von Keutschach bei seinem Bade im Zuber. In seinem fürsterzbischöflichen Schlafgemach darf sogar die Decke gelüpft werden. Gerüchten zufolge schliefen tagsüber die Hunde im Bett des Erzbischofs: Damit hat man sichergestellt, dass dieser in seiner Nachtruhe nicht von Flöhen gepiesackt wurde.

Höhepunkt eines Burgbesuches – und das im wahrsten Sinne des Wortes – ist eine Führung durch den 44 Meter hohen und über 700 Jahre alten Wehrturm, der in seiner guten Beschaffenheit einzigartig in Europa ist. Auf sechs Etagen ist die originalgetreue Nutzung des Turmes mit Waffen- und Munitionslager, Wohngeschoss mit Kochstelle, Vorratskammer, Notquartier und Türmerstube nachgestellt. Eine kleine Kuriosität ist die mittelalterliche Katzenklappe.

Jedes Jahr im Juli findet rund um die Burg das große Mittelalterfest zu Mauterndorf mit Musik, Umzügen, Handwerkermarkt und Ritterlager statt.

65

Mesnerhaus
Markt 56
A-5570 Mauterndorf
+43 (0)6472 7595
www.mesnerhaus.at

Haubenküche voll Heimatliebe

Restaurant *Mesnerhaus*

»Eine gute Küche ist das Fundament allen Glücks«, wusste bereits Auguste Escoffier, der französische Meisterkoch und Schöpfer der Grande Cuisine. Dass das Glück auch noch Steigerungsformen kennt, erfahren Gäste von Maria und Josef Steffner im Restaurant *Mesnerhaus*: Wer sich an einem der Tische im ersten Stock des Gebäudes aus dem 14. Jahrhundert niederlässt und den Gruß aus der Küche erhält, ahnt bereits, wie gut Josef Steffner sein Handwerk beherrscht.

Doch mit Handwerk alleine würde man diesen optischen und geschmacklichen Kunstwerken nicht gerecht werden: Es ist tatsächlich die höchste Stufe der Küchenkunst, die den Steffners inzwischen die vierte Gault-Millau-Haube eingebracht hat. Dass die beiden dabei ganz bescheiden geblieben sind, hat wohl mit ihrer Herkunft und ihrer Leidenschaft zu tun: Die beiden gebürtigen Lungauer sind nach Jahren in der Schweiz in ihre Heimat zurückgekehrt, um dort ihren ganz persönlichen Weg des Herzens zu gehen.

Dass das nicht leicht werden würde, ahnten sie schon im Vorhinein. Immerhin ist Mauterndorf keine pulsierende Weltmetropole. Doch inzwischen hat sich herumgesprochen, welch kulinarische Wunder im *Mesnerhaus* vollbracht werden. 1.000 Kilometer nimmt so mancher Gast auf sich, um sich ganz dem Genuss hinzugeben. Vier Gänge umfasst das kleine Menü *Lebensfreude*, sechs bis zehn Gänge die *Große Verführung*.

Wer dem Küchenchef vertraut – und das darf man allemal – lässt sich einfach überraschen von dem, was er in vielen Hunderten von Handgriffen auf den Teller zaubert. Und von dem, was seine Frau als Weinbegleitung dazu auswählt. Gourmets erwartet alpine Küche in Reinkultur: Die Natur ist dabei wichtigste Inspirationsquelle. Doch wie beschreibt man etwas so Köstliches, das sich ja doch nur erschmecken lässt? Man muss es halt probieren!

Seit neuestem kann man im *Mesnerhaus* auch übernachten: Sechs Genießerzimmer und eine Suite versprechen köstlichen Schlaf und pure Erholung.

66

Richtstättenweg Passeggen
Parkplatz an der Kreuzung B 95 (Turracher Straße) und L 248
A-5572 St. Andrä im Lungau
www.hexenundzauberer.at
www.lungau.at

DÜSTERER SCHICKSALSORT

Richtstättenweg am Passeggen

Zwischen 1650 und 1700 fanden im Erzstift Salzburg zahlreiche Hexenprozesse statt, die zu den größten und brutalsten Europas zählten. Hunderte Menschen kamen ums Leben: Einer dieser Schauplätze von Folter und Mord war der Lungau, die Heimat des Zauberers Jackl, der bei der Obrigkeit als Erzfeind Nummer eins galt, jedoch niemals gefasst wurde. Wer sich im Dunstkreis des Jugendlichen bewegte, von anderen einer Untat bezichtigt oder zum falschen Zeitpunkt am falschen Ort gesehen wurde, geriet in den Verdacht der Zauberei und Hexerei: Hinrichtungen fanden in Tamsweg statt, auf Schloss Moosham hatte das Pflegegericht seinen Sitz. Am Passeggen bei St. Andrä befanden sich Richt- und Brandstätte, wo unschuldige Männer, Frauen und Kinder oder deren Leichen vor den Augen eines großen Publikums verbrannt wurden.

All das sollte man wissen, wenn man einen Ausflug zum Richtstättenweg plant, der 2011 errichtet wurde: Man spaziert durch eine wunderschöne Landschaft, dennoch wird hier ein dunkles Kapitel der Salzburger Landesgeschichte aufgeschlagen. Richt- und Brandstätte sind heute Orte des Gedenkens. Die historischen Plätze mitten in einem bewaldeten Oval blieben – und das ist einzigartig in Europa – über die Jahrhunderte hinweg unverändert.

Der drei Kilometer lange Weg beinhaltet Stationen, die für Kinder und Erwachsene unterschiedlich aufbereitet sind: Diese können beispielsweise historische Fakten und Hintergründe wie etwa zur Gerichtsordnung, zu den Schergen und Richtern oder über den »bösen Blick« nachlesen. Kinder erhalten die Möglichkeit, sich spielerisch oder anhand von Hörspielen mit den Lebensumständen der frühen Neuzeit vertraut zu machen.

Der Themenweg stimmt nachdenklich, macht aber auch Mut und Hoffnung, dass, wer die Vergangenheit kennt, aufmerksamer für aktuelle Geschehnisse wird.

Auch das Volkskundemuseum des Schlosses Moosham widmet sich dem Thema Hexenverfolgung im Lungau. Führungen finden während der Sommermonate statt.

67

Hiasnhof
Familie Naynar-Lanschützer
Fern 31
A-5571 Göriach
+43 (0)6483 219

Lungauer Spezialitätenladen »Kemmts eina«
Marktplatz 7
A-5580 Tamsweg
+43 (0)650 9069983

FRANZÖSISCHE KÄSEKUNST IM LUNGAU

Hiasnhof

Darf ich vorstellen: kecke gemsfarbige Gebirgsziegen, Kühe und ein Ehepaar, das seit Jahren unbeirrt seinen Weg geht. Was bei dieser Kombination herauskommt? Einer der besten Rohmilchkäse Österreichs. Gourmetkritiker loben ihn in als »ganz großen Käse«, Spitzenköche reißen sich um ihn. Nur die Bauersleute Margarethe und Gunther sowie die Töchter Johanna und Klara vom Hiasnhof lässt das unbeeindruckt: Sie arbeiten nicht wegen des Lobes, sondern wegen der Liebe zum Handwerk und zu ihren Tieren. Diese werden täglich gemolken und ausschließlich ihre Milch dient der Käseherstellung auf dem Biohof.

Das Käsemachen hat Gunther Naynar bei griechischen Hirten gelernt. Seit Jahren entsteht unter seinen Händen auf dem Hiasnhof eine wunderbare Vielfalt an Ziegenfrischkäse mit Zutaten wie Wacholdernadeln oder Bohnenkraut aus dem Garten. Drei Wochen Reifezeit benötigt der Weichkäse in Meisterwurzblättern. Der typische *Chèvre* – der Ziegenkäse in Weißschimmel – lagert drei Monate im Käsekeller. Noch länger – mindestens sieben Monate – benötigt der Bergkäse, um seinen vollen Geschmack zu entwickeln. Aus der Kuhmilch entstehen Tilsiter, Bergkäse, Hartkäse in Asche gereift und Hartkäse mit Blauschimmel. Verkauft wird der Käse ab Hof, auf dem Wochenmarkt in Tamsweg jeden Freitagvormittag und im Spezialitätenladen *Kemmts eina* am Tamsweger Marktplatz – das ist Gunther Naynar am liebsten, denn er ist überzeugt: »Lebensmittel schmecken dort am besten, wo sie hergestellt werden und unser Käse soll Teil der Lungauer Esskultur bleiben und nicht den Gästen von Haubenrestaurants vorbehalten sein.«

Der Hiasnhof liegt auf 1.230 Metern Seehöhe zwischen Göriach und Fern: Schild zum Hof gibt es keines. Ohne Navigationsgerät braucht es ein bisschen Ausdauer, um den »geheimsten Käse« des Lungaus zu entdecken. Aber so manchem Gourmet weist Hündin Bella schwanzwedelnd den Weg.

Gunther Naynar hat als Slow-Food-Botschafter den Lungauer Tauernroggen wiederbelebt: Sein Frau bäckt köstliche Lebkuchen und Brot daraus.

68

Am **Prebersee** befinden sich die Schießstände der **Schützengesellschaft der priv. Schießstätte Tamsweg/Prebersee**
A-5580 Tamsweg
www.preberschuetzen.at
www.lungau.at

EIN MOORSEE MIT VIELEN GEHEIMNISSEN

Prebersee

Die Mücken scheinen auf der dunklen Tanzfläche des Prebersees eine Polka zu proben: Aus der Ferne sehen sie aus wie winzig kleine Goldpünktchen, die im Gegenlicht mystisch anmuten. Sie rufen einem die Sage in Erinnerung, derzufolge auf dem Grund des Sees ein Haufen Gold lagern soll.

Geheimnisvoll ist der Prebersee allemal: Auf 1.514 Metern Seehöhe liegt der alpine Moorsee nordöstlich von Tamsweg, eingebettet zwischen dem Prebergipfel und Wäldern. Die Spieglungen sind perfekt, ebenso wie die Wasserqualität des Sees, in dem im Sommer auch gebadet werden darf. »Sofern man die Liegewiese mit den Kühen teilen möchte und kein Problem damit hat, dass das Wasser nicht wärmer als 20 Grad ist«, schmunzeln die Einheimischen.

Wem der See zu dunkel oder zu unheimlich ist, der kann ihn auf dem Moorlehrpfad entlang des Ufers zu Fuß umrunden: Gut eine Stunde dauert die 1,5 Kilometer lange Wanderung durch das Naturschutzgebiet. Auf Schautafeln werden die Entstehung von Nieder- und Hochmooren, das Leben auf der Alm und die Tierwelt des Prebersees erklärt.

Auf dem Rundweg kommt man auch bei den Schießständen vorbei, die Schauplatz des einzigartigen Preber-Wasserscheibenschießens der *Schützengesellschaft der privilegierten Schießstätte Tamsweg-Prebersee* sind. Hier findet jedes Jahr am letzten Sonntag im August dieses traditionsreiche Spektakel statt, bei dem geübte Schützen nicht auf die 120 Meter entfernte Schießscheibe, sondern auf deren Spiegelbild auf der Wasseroberfläche zielen. Das Geschoss prallt im besten Falle so sehr von der Wasseroberfläche ab, dass es nicht versinkt, sondern tatsächlich die Zielscheibe am Ufer trifft. Sogar Walt Disney soll so fasziniert von den Eigenheiten des Prebersees gewesen sein, dass er 1957 eine Abordnung hierherschickte, um das Wasserscheibenschießen zu filmen.

Einen grandiosen Blick auf den Prebersee bietet der 2.740 Meter hohe Prebergipfel. Hier findet im späten Frühjahr das Preberlauf-Skitouren-Uphill statt.

69

Dürrenecksee
Startpunkt Wanderung:
Parkplatz am Prebersee
A-5580 Tamsweg

Informationen zu geführten Wanderungen erteilt die **Ferienregion Lungau**
Rotkreuzgasse 100
A-5582 St. Michael im Lungau
+43 (0)6477 8988
www.lungau.at

Dürrenecksee

Der Lungau ist ein Wanderparadies par excellence: An die 60 Bergseen liegen hier versteckt zwischen Mooren, Wäldern und Almen, mehr als irgendwo anders in Europa. Einer schöner als der andere und leicht zu erwandern. Doch es gibt auch noch die ganz geheimen Plätze, zu denen kein markierter Wanderweg führt – der Dürrenecksee ist einer davon.

Wer sich auf den Weg macht, um ihn zu suchen, sollte eine detaillierte Karte bei sich haben. Oder noch besser: Er schließt sich einer geführten Wanderung an, wie sie die Tourismusverbände der Lungauer Orte anbieten. Dann geht es gemeinsam mit einem geprüften Wanderführer oder einem Biosphärenpark-Fex durch die unberührte Natur des Lungaus. Und die zieht wirklich alle Register. Die Region ist bekannt für ihren Pilz- und Beerenreichtum, für ihre geschützten Orchideenfelder, für Gämsen und Adler. Aus gutem Grund wurde der Lungau zum UNESCO-Biosphärenpark ernannt und teilt sich diese Auszeichnung mit den weltberühmten Galápagos-Inseln oder dem Yellowstone-Park.

Zum Dürrenecksee führen mehrere Wege, keiner davon ist beschildert. Wer vom Prebersee aus startet, wandert vom Uferweg in Richtung Ludlhütte, zweigt rechts zur Wengerhütte ab und überquert den Wengerkopf. Der gut versteckte Hochmoorsee verfügt über eine ganz eigentümliche Besonderheit, die es besonders Mutigen ermöglicht, scheinbar über Wasser zu gehen. Die Natur hat im Laufe der Jahre an den Uferzonen einen schwimmenden Teppich aus Moosen, Flechten und ausläuferbildenden Pflanzen geknüpft. Doch Achtung! Den Weg über diese wippenden Polster kennen nur die Berg- und Wanderführer. Allein sollte man erst gar nicht auf die Idee kommen, sich über dieses Abenteuer zu wagen: im Sinne des Naturschutzes und der eigenen Sicherheit.

Zurück am Prebersee lädt die Ludlalm von Familie Antretter zur Einkehr: Hier wird himmlisch lungauerisch aufgekocht, Kinder lieben den Streichelzoo und den Spielplatz.

Die Ferienregion Salzburger Lungau bietet von Frühsommer bis in den Herbst geführte Wanderwochen wie die Bergblumen- und Bergsee-Wanderwoche oder die Gipfeltouren-Woche an.

PINZGAU

Blick vom Asitz auf die Leoganger Steinberge

70

Goldwaschplatz Bodenhaus
Kolmstraße 6
A-5661 Rauris

Tourismusverband Rauris
Sportstraße 2
A-5661 Rauris
+43 (0)6544 20022
www.raurisertal.at

»Glück auf!« im Raurisertal

Goldwaschplatz Bodenhaus

Schätzungen zufolge lagern noch über 100 Tonnen reinstes Gold in der Goldberggruppe des Nationalparks Hohe Tauern. Ein kostbarer Schatz, der erahnen lässt, welche Goldgräberstimmung zur Blütezeit im 15. und 16. Jahrhundert im Raurisertal herrschte. Heute erinnern Stollen, das verfallene Knappenhaus auf 2.340 Metern Seehöhe in der Goldberggruppe, der Tauerngold-Rundwanderweg und das Goldbergbau-Museum an die harten Arbeitsbedingungen der Knappen.

Und noch heute lockt das Edelmetall große und kleine Besucher ins »goldene« Tal der Alpen: In Bodenhaus befindet sich der einzig verbliebene Original-Naturgoldwaschplatz des Tales. An zahlreichen Flüssen in den Alpen übten Bauern diese Beschäftigung im Nebenerwerb aus. Bis 1965 lebte in Rauris der letzte professionelle Goldwäscher: Von ihm hätte man viel lernen können, denn die richtige Technik ist mehr wert als jedes Anfängerglück.

Wer mit einer langen Stielschaufel, einem Paar Gummistiefel, der grünen Goldwaschschüssel und einem Glasröhrchen für die gefunden Schätze in den eisig kalten Gebirgsbach steigt, sollte schon vorher im Übungsteich gut aufgepasst haben. Denn das Gold ist eigenwillig und nicht alles, was glänzt, ist wertvoll: Nicht selten lassen nur Quarz und Katzengold den Sand golden schimmern. Das echte Gold versteckt sich gut in den Fluten – im Kehrwasser großer Steine, nach Kurven und an der Bachinnenseite. Nach Regenfällen oder Gewittern ist die Chance größer, Gold zu finden: Denn dann rinnt das Wasser durch das Gestein und nimmt die feinen Metallplättchen mit auf seine Reise.

Mit dem großen Reichtum braucht man beim Goldwaschen in Rauris nicht zu rechnen, dafür ist das Ganze ein Heidenspaß. Wer kalte Zehen bekommt, stärkt sich bei einer Jause in der Picknick-Zone unter den Bäumen. Und dann geht's zurück ins kalte Nass der Hüttwinklache.

Nicht nur Gold, sondern auch Geier gibt es im Raurisertal, das Teil des Nationalparks Hohe Tauern ist: Auf Exkursionen mit den Rangern geht's zu den Greifvögeln.

71

Blick auf die Edelweiß-spitze

Ausstellung im Wegmacherhäusl an der Großglockner Hochalpenstraße
An der Fuscher Lacke
A-5672 Fusch an der Glocknerstraße
+43 (0)6546 650
www.grossglockner.at

Die Arbeit der »Glockner-Baraber«

Wegmacherhäusl an der Großglockner Hochalpenstraße

Über die denkmalgeschützte Großglockner Hochalpenstraße zu schreiben, setzt einen großzügigen Umgang mit Superlativen voraus: Sie ist eine der schönsten Panoramastraßen Europas, führt bis an die Pasterze – den größten Gletscher der Ostalpen –, und zählt zu den Top-drei-Sehenswürdigkeiten Österreichs. Doch sie war bereits in der Zeit ihres Entstehens ein »nationales Monument«: Ein Symbol für den Überlebenswillen eines noch jungen und kleinen Landes, das schwer unter den Auswirkungen der Wirtschaftskrise der 1920er-Jahre litt.

Daher ist der hier beschriebene Lieblingsplatz keiner der vielen grandiosen Panoramaplätze mit Blick auf die 30 Dreitausender, sondern eher eine Einladung zum Erinnern und Nachdenken in einem kleinen originalen Straßenwärterhäuschen direkt an der Fuscher Lacke: Darin befindet sich die kostenlos zugängliche Themenausstellung *Bau der Straße*, die interessante Details lüftet. So etwa über den visionären Bauingenieur Franz Wallack, über den Politiker Franz Rehrl, der dieses gigantische Unternehmen ermöglichte, und die 3.200 Männer, die sogenannten »Glockner-Baraber« (Wanderarbeiter), die ab August 1930 am Straßenbau quer über die Alpen beteiligt waren.

Zahlreiche Schwarz-Weiß-Fotos und Originalpläne machen deutlich, wie verwegen dieses Unterfangen war: Schienen wurden verlegt, Felsen mussten gesprengt und Wohnbaracken errichtet werden. In 26 Baumonaten leisteten die Baraber 1,8 Millionen Arbeitsstunden bei zum Teil widrigsten hochalpinen Bedingungen. Fortschrittlich dabei: Die Bezahlung wurde durch Kollektivverträge geregelt.

Noch heute sind viele der historischen Steinmauern und Straßenbegrenzungen erhalten, auch wenn das ursprüngliche Kopfsteinpflaster nur noch auf dem Abschnitt zur Edelweißspitze erhalten geblieben ist. Die Ausstellung setzt den »Glockner-Barabern« ein kleines, aber liebevolles Denkmal. Absolut sehenswert!

Die Edelweißspitze ist mit 2.571 Metern der höchste mit einem Fahrzeug erreichbare Punkt Österreichs und bietet fantastische Ausblicke.

72

Litzelhofalm
Seidlwinkltal
A-5661 Rauris
+43 (0)650 8924624

Tourismusverband Rauris
Sportstraße 2
A-5661 Rauris
+43 (0)6544 20022
www.raurisertal.at

ROMANTISCHE HÜTTE AM ALTEN SAUMPFAD

Litzelhofalm

Die Litzelhofalm ist der Inbegriff einer Alm: urig und alt, romantisch und klein, abseits gelegen und ab dem Rauriser Tauernhaus nur noch zu Fuß über einen alten Saumpfad erreichbar. Seit dem Jahr 1870 – dem Baujahr der Hütte – ist die Alm im Besitz einer Kärntner Bauernfamilie, deren rund 20 Kühe und Kälber Jahr für Jahr den Almsommer auf 1.700 Metern Seehöhe verbringen. Dass aus deren Milch bester Käse hergestellt und den Wanderern serviert wird, dafür sorgen zwei Sennerinnen: nicht selten Studentinnen der Agrarwissenschaften, die täglich 200 Liter Milch zu köstlichem Tilsiter, Topfen und Joghurt verarbeiten. Dazu gibt's Hausgemachtes aus der Bio-Landwirtschaft von Familie Pichler wie Speckjaus'n oder Brettljaus'n, Most, Apfelsaft, Zirbenschnaps oder einen Original Kärntner Reindling.

Der besondere Reiz der Litzelhofalm liegt in ihrer Abgeschiedenheit. Im hintersten Talschluss des Seidlwinkltals verfügt sie zwar nicht über ein aussichtsreiches Panorama, dafür ist sie eingerahmt von hoch aufragenden Bergen und Wänden. Wer genau schaut, kann sogar ein kleines Stückchen der Großglockner Hochalpenstraße erkennen, die sich weit oberhalb der Alm befindet. Die Kuhglocken begrüßen die Wanderer und die Alm scheint sich unter ihrem uralten Dach zu ducken.

Wer auf die Litzelhofalm will, wandelt auf uralten Pfaden: Vom Rauriser Ortsteil Wörth führt der Weg vorbei an der Gollebenalm und der Palfenalm zum Rauriser Tauernhaus, einem der ältesten Unterstandshäuser im Salzburger Land. Es erinnert mit seiner musealen Einrichtung an den wichtigen Handelsweg über den Rauriser Tauern. Von hier aus geht's in einer weiteren guten Gehstunde zur Litzelhofalm, die sich in der Kernzone des Nationalparks Hohe Tauern befindet. Begleitet von unzähligen Vogelstimmen und vom Gurgeln des türkisblauen Seidlwinklbachs.

Wer das Seidlwinkltal bequem erreichen möchte, steigt in Rauris ins Tälertaxi. Fahrzeiten gibt es im Tourismusbüro.

78

Gletscherbahnen Kaprun
Kitzsteinhornplatz 1a
A-5710 Kaprun
+43 (0)6547 8700
www.kitzsteinhorn.at

ERSTE REIHE FUSSFREI MIT GLOCKNERBLICK

Gipfelwelt 3000 am Kitzsteinhorn (3.029 m)

Eine Schneeballschlacht mitten im Sommer und mit Skischuhen ins Kino: Was surreal anmutet, ist auf dem Kitzsteinhorn möglich. Nur 174 Höhenmeter unterhalb des Gipfels bietet die *Gipfelwelt 3000* Besuchern ein ganzjähriges Berg- und Naturerlebnis.

Das Kitzsteinhorn ist der nördlichste Gletscher der Hohen Tauern und es bedarf keiner einzigen Schweißperle, um ihn im Sturm zu erobern. Die neue *3K K-onnection* überwindet vom Ortszentrum Kaprun aufs Kitzsteinhorn zwölf Kilometer und 2.261 Höhenmeter. 32 Design- und zwei rundum verglaste Explorer-Gondeln garantieren ein fantastisches 360-Grad-Panorama und imponierende Tiefblicke.

Am Schmiedingerkees wird seit 1965 Ski gefahren: Österreichs erstes Gletscher-Skigebiet ist zugleich das einzige im Salzburger Land. Hier genießen Skifahrer und Snowboarder die Vorzüge von nicht allzu schweren Pisten mit tollen Ausblicken auf die Gipfelwelt des angrenzenden Nationalparks Hohe Tauern.

Von der Panorama-Plattform *Top of Salzburg* öffnet sich der Blick auf die umliegenden Dreitausender bis hin zum Zeller See: Paris ist 790 Kilometer weit entfernt, der Nordpol 4.470 Kilometer und direkt vor einem glitzert die verschneite Schulter des Großvenedigers. In der Ice Arena darf nach Herzenslust im Schnee gespielt und gerutscht werden, Liegestühle stehen zum Sonnentanken bereit. Nur wenn der Sommer allzu warm wird, ist dieser ganzjährige Winterspielplatz geschlossen.

Ein beeindruckendes Erlebnis ist die kurze Wanderung durch die rund 360 Meter lange Nationalpark Gallery: Dieser Stollen führt einmal quer durch den Berg und mündet in eine weitere Panorama-Plattform, die sich geografisch bereits im Nationalpark Hohe Tauern befindet, dem größten Naturschutzgebiet der Alpen. Und die Krönung? Natürlich der Blick auf den höchsten Berg Österreichs, den Großglockner.

Im Rahmen der *Kitzsteinhorn Explorer Tour* gondelt man mit einem Nationalpark-Ranger durch vier Klima- und Vegetationszonen vom Tal bis in arktische Gefilde am Gletscher. Super für Groß und Klein!

74

Kaprun Hochgebirgsstauseen
Parkhaus
Kesselfallstraße 98
A-5710 Kaprun

Verbund Tourismus
Büro Kaprun
Kesselfallstraße 1
A-5710 Kaprun
+43 (0)50313 23201
www.verbund.com/besucherzentren

HOCHALPINES TECHNIKWUNDER

Hochgebirgsstauseen

Ein wenig Skepsis ist bei monumentalen Bauten in der alpinen Landschaft durchaus angebracht: Wer in die Natur oder auf die Berge geht, möchte wohl eher nicht auf Straßen, Staumauern und Turbinen treffen! Lange habe ich genau aus diesem Grund die zwischen 1938 und 1955 erbauten Kaprun Hochgebirgsstauseen ausgespart, doch um ehrlich zu sein: Man muss sie gesehen haben! Denn sie sind in ihrer Art und Weise genauso beeindruckend – ja, geradezu überwältigend – wie die Naturlandschaft des Nationalparks Hohe Tauern, in die sie eingebettet sind. Los geht die Erkundungstour auf den Spuren von Stromerzeugung und Wasserkraft, für die man am besten einen ganzen Tag einplant, am Parkhaus Kesselfall. Wer ambitioniert ist, legt den Weg zu Fuß zurück, die anderen überwinden per Bus und Schrägaufzug – übrigens der größte offene Schrägaufzug Europas – die rund 1.000 Höhenmeter bis zu den Stauseen.

Oben angelangt, bieten sich rund um Wasserfallboden und Mooserboden auf über 2.000 Meter Seehöhe ausgiebige Touren an, etwa am Kräuterlehrpfad, bei einer Staumauerführung oder am Stromtrail. Die Staumauer am Mooserboden ist gigantische 107 Meter hoch und fast 500 Meter lang: Sie stellt einen eindrucksvollen, von Menschenhand geschaffenen Kontrapunkt zur kargen Hochgebirgslandschaft und den Dreitausendern dar – allen voran das Große Wiesbachhorn, an dessen Flanken man das Heinrich-Schwaiger-Haus erkennen kann, das noch einmal 800 Höhenmeter über den beiden Stauseen thront.

Es ist eine fantastische, beinahe atemberaubende Welt hier oben: Die Hochgebirgsstauseen Kaprun sind Mythos und ein schicksalsbehafteter Ort zugleich. Mehr über Entstehung, Historie und moderne Stromerzeugung erfahren Besucher in der *Erlebniswelt Strom*.

Unbedingt einkehren sollte man auf der neu errichteten *Fürthermoar Alm* von Familie Aberger Dick: Serviert werden Pinzgauer Schmankerl mit feinsten Zutaten vom eigenen Bio-Bauernhof, aus Garten und Natur. www.fuerthermoar-alm.at

75

Hohe Tauern Nationalparkwelten im Nationalparkzentrum Hohe Tauern Mittersill
Gerlosstraße 18
A-5730 Mittersill
+43 (0)6562 40939
www.nationalpark.at

EIN FASZINIERENDER NATURRAUM

Hohe Tauern Nationalparkwelten

Die Hohe Tauern Nationalparkwelten in Mittersill sind ein Muss für alle, die sich auch nur ein wenig für den Nationalpark Hohe Tauern interessieren. Nirgendwo sonst kommt man den Tieren und Pflanzen, der Entstehungsgeschichte des Tauernfensters, den Geschichten, Menschen und Edelsteinschätzen des größten Naturschutzgebietes Zentraleuropas so nahe wie hier.

Das Museum ist preisgekrönt und schnell wird klar warum: Im Untergeschoss krabbeln Kinder durch einen riesengroßen Murmeltierbau, in der mystischen Sagenhöhle im Fels erklingt die Legende über die Venedigermandeln, im Lawinendom donnern virtuelle Massen von Wasser und Schnee auf die Besucher nieder und mit dem Adlerflugpanorama geht's über die 13 Nationalparktäler.

Bei allen zehn Stationen – von der Bergwaldgalerie über die Wilden Wasser und den Almsommer bis hin zur Gletscherwelt – darf erkundet, angefasst, gerätselt und gelacht werden. Grandios werden die Edelsteinfunde präsentiert, die allesamt aus dem Nationalpark Hohe Tauern stammen: so etwa Smaragde, Rauchquarz oder Bergkristall. Wie es zu dieser Schatzkammer in den Hohen Tauern gekommen ist, davon handelt der Film im angrenzenden 3D-Kino, der die Entstehung des Tauernfensters erklärt. Einmal ansehen genügt nicht!

Ein ganz besonderer Lieblingsplatz ist die 360-Grad-Panoramawelt in einem modernen Zylinderbau mit rund 16 Metern Durchmesser. Hier können Besucher ein einmaliges Natur- und Gipfelerlebnis anhand von aufwendig gedrehten Panoramafilmen von der Gipfelwelt der Hohen Tauern erleben. Diese bieten mit einzigartigen Zeitrafferaufnahmen mit wechselnden Wetter-, Licht- und Schattenverhältnissen sowie einer eindrucksvollen Tonkulisse völlig neue Perspektiven auf die Welt im Nationalpark Hohe Tauern.

Sommers wie winters wird ein abwechslungsreiches Naturerlebnisprogramm mit Rangern für Erwachsene und Kinder geboten. Im (Online)-Nationalparkladen gibt es feine Naturprodukte aus der Region.

76

Hollersbacher Kräutergarten und Bienenlehrpfad
Hollersbach 10
A-5731 Hollersbach
+43 (0)664 2066477
www.hollersbacher.at

Gemeindeamt Hollersbach
Hollersbach 12
A-5731 Hollersbach
+43 (0)6562 81130
www.hollersbach.at

DAS GRÜNE PARADIES DER HOLLERHEXE

Kräutergarten

In der hübschen Nationalparkgemeinde Hollersbach ist der Name Programm: Da, wo so viel Holler – also Holunder – wächst, gedeihen auch andere Pflanzen, Kräuter und Blumen prächtig. Mitten im Ortszentrum, gegenüber der Kirche und hinter dem Klausnerhaus, befindet sich der Hollersbacher Kräutergarten. Wo einst ein französischer Kosmetikhersteller seine Pflanzen kultivierte, errichteten die Hollersbacher nach dessen Abzug im Jahr 2008 ein Kräuterreich für Blumenfreunde, Naturliebhaber und Gartenbegeisterte. Das Gemeinschaftsprojekt wird mit viel Liebe und Hingabe gepflegt: Bienen suchen summend nach Nektar, Besucher wandern über die Wege und die Kinder kommen nach der Schule zum Beerennaschen. Der Zauber der Hollerhexe, liebevoll »Hoiahexei« genannt, schwebt über alledem. Auf dem 8.000 Quadratmeter großen Areal gedeihen rund 800 Pflanzen, thematisch gruppiert und übersichtlich angeordnet: von den Kräutern des Waldes über den Kräutermond und das Beerenlabyrinth bis hin zum Pinzgauer Bauerngartl und dem Alpinum. Wer hier verweilt, taucht tief in die Mystik der Pflanzenwelt ein, und findet auch einen Ort der Ruhe und Beschaulichkeit.

Der Hollersbacher Kräutergarten ist rund ums Jahr und rund um die Uhr zugänglich – und das bei freiem Eintritt. Alle Pflanzen sind beschildert, Bänke und ein Spielplatz laden zum Innehalten oder Spielen ein. Während der Sommermonate gibt es Führungen und Workshops: Gemeinsam wird Seife gerührt, es werden Wolle oder Ostereier mit Pflanzen gefärbt oder Kräuterzucker hergestellt. In dem benachbarten denkmalgeschützten Klausnerhaus aus dem 14. Jahrhundert befindet sich die Nationalparkwerkstatt samt Workshop-Küche und eine Nationalparkausstellung über den Holunder, der im Alpenraum als kraftvolle Heilpflanze verehrt wird.

Der 2,3 Kilometer lange Bienenlehrpfad auf der Sonnenseite von Hollersbach lädt dazu ein, die Welt der Bienen und Imkerei zu entdecken. Ideal für Familien!

77

Smaragdbahn Bramberg
Senningerfeld 1 (Talstation)
A-5733 Bramberg
+43 (0)6565 6405
+43 (0)6565 39800 (Rodel-Hotline)
www.wildkogel-arena.at

FORMEL-1-STRECKE FÜR SCHLITTENFAHRER

Rodelbahn am Wildkogel

Es gehört auf gut Pinzgauerisch »scho a weng Schneid zum Bocka reitn« Vor allem, wenn man sich mit dem »Bock« – einem Rennrodel oder dem Familienschlitten – auf die längste beleuchtete Rodelbahn der Welt wagt. An die 300 Flutlichtschweinwerfer säumen den 12,5 Kilometer langen Fahrweg von der Bergstation der Smaragdbahn hoch über Bramberg bis hinunter zur Senningerwiese im Tal. In Summe werden über 1.300 Höhenmeter überwunden: Und das dauert gut und gerne zwischen 30 und 50 Minuten.

Darf und soll es auch – vor allem am Tag: Dann sind zwar die Lampen nicht an, doch dafür eröffnet sich den Schlittenfahrern ein grandioses Panorama. Weit oberhalb der Baumgrenze überblickt man vom Wildkogel den Oberpinzgau bis hinaus nach Kaprun. Gegenüber dem Wildkogel liegt das Habachtal und die weißen Riesen des Nationalparks Hohe Tauern vermitteln einen Eindruck von der Dimension des größten Naturschutzgebiets der Alpen. Doch auch am Abend hat die Rodelbahn ihre Reize: Tausende Lichter blinken im Tal, die weißen Schneefelder reflektieren den Mondschein in klirrendkalten Nächten und die Hütten laden zu einem »Boxenstopp« ein.

Die Rodelbahn ist anspruchsvoll und herausfordernd. Denn so vergnüglich die Fahrt auf dem Schlitten aussehen mag: Es gehören Mut, eine gute Portion Kondition und Fahrkönnen dazu, um sicher ins Tal zu kommen. Viele Kurven und eine hohe Geschwindigkeit setzen voraus, dass man das Gefährt einigermaßen beherrscht: Helm ist zwar nicht Pflicht, aber empfehlenswert! Und natürlich festes Schuhwerk zum Bremsen und »Loat'n« (Lenken). Wer auf dem Weg ins Tal eine Verschnaufpause benötigt, kehrt in den Après-Ski-Hütten *Zwischenzeit* und *Kurventreff* ein. Oder funktioniert seinen fahrbaren Untersatz zum Sonnenbankerl um und lässt sich die mitgebrachte Jause aus dem Rucksack abseits der Strecke schmecken.

Noch länger ist die Rodelstrecke am Wildkogel, wenn man an der Bergstation in Neukirchen startet: Dann sind es rund 14 Kilometer bis ins Tal.

78

Wildtierfütterung im Habachtal
A-5733 Bramberg

Buchbar über die
Nationalparkverwaltung Hohe Tauern Salzburg
Gerlos Straße 18
A-5730 Mittersill
+43 (0)6562 408490
www.nationalpark.at

ZU GAST BEIM KÖNIG DES WALDES

Wildtierfütterung im Habachtal

Grüne Hose, grüne Jacke, grüner Hut – der Nationalparkjäger, der die angemeldeten Besucher zur Wildtierfütterung ins Habachtal bei Bramberg begleitet, sieht aus, wie man sich einen Jäger vorstellt. Die kleine Schar – Einheimische sowie Urlauber aus den Niederlanden und Deutschland – wirkt noch etwas schüchtern: Keiner weiß, was ihn genau erwarten wird, außer dass er den scheuen Wildtieren des Nationalparks Hohe Tauern in den nächsten Stunden sehr nahe kommen soll.

Los geht das winterliche Abenteuer mit einer Fahrt im Anhänger, der von einem 95 PS starken Traktor taleinwärts gezogen wird: Danach zieht die Gruppe zu Fuß und sehr bald schweigend weiter. Denn die Tiere – Hirsche und Rotwild – dulden keine Menschen. Erst in der gut getarnten, kommoden und warmen Holzhütte mit getönten Fensterscheiben darf wieder gesprochen werden: In den Bankreihen liegen Ferngläser für die Besucher bereit.

Nach gut einer halben Stunde geht das erste Raunen durch die Menge. Langsam verlassen die ersten Jungtiere den Schutz der Bäume: Hungrig und neugierig trappeln sie behutsam über den Schnee dem duftenden Heu entgegen. Die Futterkrippen sind prall gefüllt, kein fremder Geruch liegt in der Luft.

Dem heimlichen Gast eröffnet sich ein eindrucksvolles Spektakel. Nach und nach wird die Schar immer größer: Nur rund 150 Meter entfernt lassen sich etwa 100 Tiere das köstliche Mahl schmecken. Sogar fünf Gämsen tauchen am Rande des Schauplatzes auf – eine absolute Seltenheit. Nur einer fehlt: der König selbst! Doch das Warten wird belohnt. Am Ende zeigt er sich – ein mächtiger Zwölfender mit seinem Gefolge. Erhaben, stolz, vorsichtig und immer auf der Hut. Staunen und Ehrfurcht machen sich breit und plötzlich wird es wieder still – ganz ohne Anweisung des Jägers. Weil Worte an dieser Stelle einfach keinen Platz mehr gehabt hätten.

Weitere winterliche Exkursionen mit Rangern führen in den Rauriser Urwald, ins Wildnisgebiet *Sulzbachtäler* oder in den mystischen *Wiegenwald der Zirben* im hochalpinen Stubachtal.

79

Krimmler Wasserfälle
ÖAV Warnsdorf
A-5743 Krimml 47
+43 (0)6564 7212
www.wasserfaelle-krimml.at

WasserWelten Krimml
Oberkrimml 45
A-5743 Krimml
+43 (0)6564 20113
www.wasserwelten-krimml.at

DIE URGEWALT DER ALPEN

Krimmler Wasserfälle

Die Krimmler Wasserfälle machen es einem nicht leicht, sie in Worte zu fassen. Sie sind zu gewaltig, zu übermächtig, als dass man sie angemessen beschreiben könnte. Ich gestehe es gerne: Angesichts dieser Urgewalten blieb mir die Spucke weg. Ohrenbetäubend ist das Rauschen der Wassermassen, die einem scheinbar in die Arme stürzen. Sie überwältigen einen mit ungeheurer Energie und vitaler Kraft.

All das aber bestätigte mich darin, die Krimmler Wasserfälle – die höchsten Europas – zu den absoluten Superlativen Österreichs zu zählen. Schon bei der Anfahrt nach Krimml gewinnt man aus der Ferne einen Eindruck von ihrer Größe: Über 380 Meter und drei Fallstufen stürzt die Krimmler Ache in die Tiefe – mehr als sechs Mal so hoch wie die Niagarafälle. Vier Kilometer lang ist der Wasserfall, der sich auf einer rund eineinhalbstündigen Wanderung erkunden lässt: Spektakuläre Tiefblicke garantieren Aussichtskanzeln wie etwa an der Sturzstelle des Oberen Falls.

Meinen Lieblingsplatz erreicht man weit schneller: Der Kürsingerplatz direkt am Talsturz ist mit großen Steinquadern und Sitzgelegenheiten ideal, um die Kraft des Gletscherbachs mit allen Sinnen zu erleben. Je näher man sich heranwagt, umso deutlicher wird dessen Gewalt: Der Wind zaust die Haare und lässt den ganzen Körper erbeben, die Wassermassen von 60 Kubikmetern pro Sekunde donnern in den Ohren und binnen weniger Minuten ist man nass bis auf die Haut – sofern man nicht mit adäquater Kleidung und Kapuze vorgesorgt hat. In kürzester Zeit holt man sich einen nachweislich gesundheitsfördernden Energiekick, der alle Lebensgeister weckt. Besonders auf Allergiker und Asthmatiker wirkt der Wasserfall heilsam, das Angebot von *Hohe Tauern Health* ist danach ausgerichtet. Eins steht fest: Hier herrscht absolute Suchtgefahr! Vorsicht ist dennoch geboten – die nassen Steine sind rutschig!

Die Krimmler Wasserfälle sind Ausgangspunkt des traumhaft schönen Weitwanderweges *Hohe Tauern Panorama Trail*, der auf 270 Kilometern quer durch den Nationalpark bis nach Hüttschlag führt.

80

Maria Kirchental
Haus der Besinnung
Kirchental 1
A-5092 St. Martin bei Lofer
+43 (0)6588 8528
www.maria-kirchental.at

WO WUNDER GESCHEHEN …

Wallfahrtskirche Maria Kirchental

An Wunder zu glauben, entspricht nicht unbedingt dem modernen Zeitgeist. Doch manche Orte legen den Glauben an das Überirdische nahe: So etwa Maria Kirchental, dieses weltentrückte Fleckchen Erde auf 880 Metern Seehöhe hoch über St. Martin bei Lofer. Schon im 17. Jahrhundert sprach es sich herum, dass es hier oben Gebetserhörungen gegeben habe. Die barocke Wallfahrtskirche, die von 1694 bis 1708 nach den Plänen des Baumeisters Fischer von Erlach erbaut wurde, bildet das Herzstück eines romantischen Ensembles mit Mesnerhaus, Nebengebäude, Einsiedelei, Büchsenhäusl, Kiosk und Wirtshaus. Maria Kirchental – auch bekannt als Pinzgauer Dom – ist nach Maria Plain der bekannteste Wallfahrtsort im Salzburger Land.

Hier scheint die Zeit stillzustehen, Alltagsgeräusche wirken gedämpft und fast unmerklich stellt sich Ruhe ein. Im Inneren wie auch außen. Wer sich für Kunstgeschichte interessiert, sollte die Kirche und das Wallfahrtsmuseum besuchen. Einfach nur den Garten mit der bunten Blumenpracht und die Ruhe unter schattenspendenden Bäumen zu genießen, tut in der Seele gut. Hierher zu pilgern oder eine Wallfahrt zur Gnadenstätte *Unserer Lieben Frau Geburt* zu unternehmen, ist fest in der Tradition vieler Salzburger, Tiroler und Bayern verankert.

Zentrum des neubarocken Hochaltaraufbaus bildet das Gnadenbild – eine spätgotische Muttergottes aus dem frühen 15. Jahrhundert. Das Jesuskind auf ihrem Arm lenkt den Blick auf ein Vögelchen in seiner Hand, das ein Stieglitz oder Distelfink sein könnte. Zu den weiteren Besonderheiten von Maria Kirchental zählen die rund 1.200 und vollständig restaurierten Votivtafeln, die größtenteils aus dem 17. und 18. Jahrhundert stammen. Diese größte Sammlung an Votivbildern in ganz Österreich ist Ausdruck von Dankbarkeit und Verehrung und kann – ebenso wie die Mirakelbücher – besichtigt werden.

Maria Kirchental bildet den Endpunkt des 125 Kilometer langen *Pinzgauer Marienweges* von Jochberg nach St. Martin. Dort trifft er auf den Jakobsweg.

81

Lamprechtshöhle & Gasthaus
Obsthurn 28
A-5092 St. Martin bei Lofer
+43 (0)676 4480791
www.lamprechtshoehle.at

WILDE WASSER IM KALKGEBIRGE

Lamprechtshöhle

Im Jahr 1701 erteilte Fürsterzbischof Johann Ernst Graf von Thun und Hohenstein den Auftrag, die Lamprechtshöhle bei St. Martin »zu inquirieren« und nach »schönen« Steinen zu durchsuchen: Lagerte doch der Legende nach der sagenumwobene Schatz des Ritters Lamprecht tief im Berg. Gefunden wurde nichts und dieser Umstand hat sich bis heute nicht geändert; dennoch ist die größte Wasser führende Durchgangshöhle der Welt bei fast jedem Wetter und zu jeder Jahreszeit einen Besuch wert.

Direkt an der Straße zwischen Lofer und St. Martin befindet sich der Zugang zu einem gigantischen Höhlensystem mit mehr als 50 Kilometer langen Gängen. Und schon beim Öffnen der schweren Holztüre wird spürbar, dass sich im Berg mehr abspielt, als von außen zu erahnen ist: Die »bewetterte« Höhle reagiert sensibel auf Vorgänge, die sich hoch in den Loferer Steinbergen abspielen. Je nach Wasserstand zieht es kräftig im Berg und schwere Regengüsse und Gewitter können dazu führen, dass die drei Höhlenbäche anschwellen und Gänge, Seen und Grotten fluten. Ein Frühwarnsystem sorgt jedoch dafür, dass Besucher nicht in Gefahr geraten.

Und dennoch gehört ein bisschen Forschergeist dazu, um den Schauteil auf den gesicherten Wegen mit 392 Stufen auf eigene Faust zu erkunden: Das Wasser plätschert unaufhörlich und hat in den letzten 25 Millionen Jahren deutliche Abschliffe und Fließfacetten im Dachstein- und Dolomitkalk hinterlassen. Im Winter beziehen Fledermäuse hier ihr vier Grad kaltes Quartier. Schwarze Kreuze markieren die Fundorte, wo in den vergangenen Jahrhunderten Höhlenforscher ihr Leben gelassen haben.

Gut 90 Minuten dauert der Weg durch den Schauteil der gigantischen Lamprechtshöhle: Wer sich in den Forscherteil wagen möchte, kann eine Führung buchen. Dazu braucht es wasserdichte Stiefel, Pioniergeist und ein klein wenig Mut.

Der Winter ist die beste Zeit für Führungen im Forscherteil, da während der Sommermonate viele Gänge mit Wasser geflutet und nicht begehbar sind.

82

Gasthof Kirchenwirt
A-5771 Leogang Nr. 3
+43 (0)6583 8216
www.hotelkirchenwirt.at

Gastfreundschaft seit 700 Jahren

Kirchenwirt

Im Jahr 1323 wird die Kirche von Leogang das erste Mal urkundlich in den Büchern erwähnt; nur drei Jahre später findet sich auch ein Eintrag zum direkt angrenzenden Kirchenwirt. Seit etwa 700 Jahren bilden diese beiden mächtigen, denkmalgeschützten Gebäude die zwei wichtigen architektonischen Säulen im Ort Leogang mit seinen nur rund 3.400 Einwohnern.

Und so verlässlich die Kirchturmuhr viertelstündlich schlägt, so verlässlich gut lässt es sich hinter den historischen Mauern des Kirchenwirts speisen: seit 2010 nun in fünfter Familiengeneration und unter der Führung der Geschwister Barbara Kottke und Hans-Jörg Unterrainer. Beide tingelten viele Jahre durch die Welt, sammelten Erfahrungen in unterschiedlichen Branchen: Barbara ist die Ästhetin und Trendsetterin, Hans-Jörg Gastro-Profi und einer der besten Sommeliers Europas. Das Restaurant ist längst kein Geheimtipp mehr, eher eine Pflichtadresse im positivsten Sinne. Hier nimmt Platz, wer österreichische Traditionsgerichte und das kulinarische Erbe der Alpen ebenso schätzt wie spannende Neuinterpretationen. Die Weinkarte ist eine kleine Sensation für sich. Die edlen Tropfen werden in einem jahrhundertealten Gewölbe gelagert: Nur schwer kann sich von diesem Weinkeller trennen, wer ihn einmal betreten durfte.

Auf der Speisekarte findet sich »Best of Pinzgau« wie Wild aus der eigenen Jagd, Pinzgauer Naturrind oder Alpenlachs. Saisonalität, Regionalität und Respekt werden ebenso großgeschrieben wie der pure Genuss. Getafelt wird im historischen Ambiente der Habsburger Stube samt Kachelofen, in der Wirtsstube oder im romantischen Garten. Und da man nach einem fulminanten Mahl bekanntlich ruhen sollte, trifft es sich gut, dass im Haus auch genächtigt werden kann. Jedes Zimmer ist eine kleine Entdeckung für sich!

Leogang ist ein Eldorado für Aktivurlauber: Der *Epic Bikepark* ist einer der besten Bikeparks Europas, der Asitz ein Erlebnisberg und das Skigebiet Teil der *Ski Alpin Card* mit 408 Pistenkilometern.

83

Einsiedelei
Bachwinkl 12
A-5760 Saalfelden
www.pfarre-saalfelden.at

AUF DEM WEG DER STILLE

Einsiedelei

Schon von Weitem ist sie sichtbar: die Einsiedelei am Palfen hoch über Saalfelden. Die weiß verputzte Klause mit dem kleinen Glockenturm klebt am Felsen wie ein Schwalbennest. Als sie im Jahr 1664 erbaut wurde, zog Thomas Pichler von der Franziskanischen Gemeinschaft als erster Einsiedler dort oben ein. Er baute auch die Höhle, in der das Bild des Heiligen Georg verehrt wird, zur heutigen Kapelle aus.

Die Einsiedelei auf 1.001 Metern Seehöhe war über die Jahrhunderte mit wenigen Unterbrechungen immer bewohnt: Sie gilt als eine der letzten in Mitteleuropa, in denen Besucher auf Eremiten treffen. Fernseher, Computer oder Zentralheizung gibt es hier oben nicht. Lebensmittel und Dinge des täglichen Bedarfs müssen vom Einsiedler selbst hochgetragen werden. Das Leben ist wahrhaft einfach, karg und puristisch. Die Einsiedler wählen den Rückzug aus Überzeugung und freien Stücken: So gibt es welche, die nur einen Sommer in der Klause leben, andere wiederum bleiben mehrere Jahre. Die Bewerbungen für die Stelle als Eremit erreichen die Pfarre Saalfelden sogar aus Südamerika, Kanada oder Australien.

Wer zur Einsiedelei am Palfen wandert, tut das am besten in der Absicht, sich auf den Weg der Stille zu begeben, der in rund 45 Minuten vom Ortsteil Bachwinkl zur Kapelle und zur Klause führt. Die Augen offen zu halten, ist bereits eine Einladung an den Augenblick: Gämsen, Eichhörnchen und Eichelhäher kreuzen den Weg. Oben angelangt, bietet eine kleine Aussichtsterrasse einen herrlichen Blick auf den Gletscher des Kitzsteinhorns, auf die Schwalbenwand und auf den Ort Saalfelden. Die Kapelle ist ein Ort der Einkehr und der Stille: Der Einsiedler steht gerne für Gespräche bereit, doch manchmal reicht schon der Weg, um die eigenen Gedanken zu sortieren und den Geist zu klären.

Wer in Saalfelden ist, sollte unbedingt einen Abstecher ins Museum Schloss Ritzen unternehmen, wo unter anderem Werke des international gefeierten Aquarellisten Gottfried Salzmann gezeigt werden.

84

Triefen
Startpunkt Wanderung:
Pfarrkirche
Urslaustraße 27
A-5761 Maria Alm-Hinterthal

Hochkönig Tourismus
Am Gemeindeplatz 7
A-5761 Maria Alm
+43 (0)6584 20388
www.hochkoenig.at

FILIGRANER WASSERFALL MIT MOOSDECKCHEN

Triefen in Hinterthal

Die Triefen in Hinterthal bei Maria Alm sind ein echter Geheimtipp. Als ich Freunde und Bekannte danach fragte, schüttelten sie alle die Köpfe: Nein, von den Triefen hatten sie noch nie gehört. Die Einheimischen selbst aber kennen diesen Ort und sind fest davon überzeugt, dass es sich bei den Triefen nicht nur um ein Naturspektakel handelt, sondern auch um einen Platz, der sich ganz hervorragend dazu eignet, neue Energien zu tanken.

Die zauberhafte Wanderung dorthin dauert rund 45 Minuten und beginnt an der Kirche in Hinterthal bei Maria Alm. Der kinderwagentaugliche und beschilderte Weg Nummer 415 führt entlang der Urslau, dem rauschenden Bach, der zwischen dem Hochkönigmassiv und dem Steinernen Meer entspringt.

Das eigentliche Naturspektakel ist leicht zu übersehen: Auf unserem Weg dorthin kamen uns sechs Wanderer entgegen – allesamt auf der vergeblichen Suche nach dieser sehenswerten Besonderheit. Es gilt, die Augen offenzuhalten! Dann entdeckt man vor dem Almgatter rechter Hand die Tafel »Naturdenkmal«, eine kleine Sitzgelegenheit und auf der gegenüberliegenden Bachseite diesen feinen, filigranen Wasserfall, der sich auf einer Länge von 100 Metern in die rauschende Urslau ergießt: Die feinen Bächlein ähneln zarten Perlenschnüren.

Dieses ungewöhnliche Naturschauspiel – das es nur einmal in dieser Form im ganzen Bundesland gibt – entsteht durch eine geologische Besonderheit. Durch die harte Gesteinsschicht tritt das Wasser durch einen waagrecht verlaufenden Quellhorizont zwei bis drei Meter oberhalb des Flusses aus. Wegen der ständigen Bewässerung haben sich in diesem Bereich zahlreiche Farne und Moose angesiedelt. Die üppige, in zig Grüntönen schillernde Vegetation wird bei Sonnenschein gekrönt durch grandiose Lichtspiele samt einem Heer von Regenbögen.

Wer die Wanderung ausdehnen möchte, gelangt über den Weg Nummer 32 zur nicht bewirtschafteten Enzenalm oder folgt dem Bachlauf in Richtung Hohe Tauernscharte.

KRIMIS AUS DER REGION VON MANFRED BAUMANN

Jedermanntod
978-3-8392-1089-5

Wasserspiele
978-3-8392-1200-4

Zauberflötenrache
978-3-8392-1302-5

Drachenjungfrau
978-3-8392-1941-6

Mozartkugel-komplott
978-3-8392-1773-3

Todesfontäne
978-3-8392-2345-1

Marionettenverschwörung
978-3-8392-2458-8

Jedermannfluch
978-3-8392-2722-2

Salzburgsünde
978-3-8392-0075-9

Salzburgrache
978-3-8392-0298-2

Filigraner Wasserfall mit Moosdeckchen

Triefen in Hinterthal

Die Triefen in Hinterthal bei Maria Alm sind ein echter Geheimtipp. Als ich Freunde und Bekannte danach fragte, schüttelten sie alle die Köpfe: Nein, von den Triefen hatten sie noch nie gehört. Die Einheimischen selbst aber kennen diesen Ort und sind fest davon überzeugt, dass es sich bei den Triefen nicht nur um ein Naturspektakel handelt, sondern auch um einen Platz, der sich ganz hervorragend dazu eignet, neue Energien zu tanken.

Die zauberhafte Wanderung dorthin dauert rund 45 Minuten und beginnt an der Kirche in Hinterthal bei Maria Alm. Der kinderwagentaugliche und beschilderte Weg Nummer 415 führt entlang der Urslau, dem rauschenden Bach, der zwischen dem Hochkönigmassiv und dem Steinernen Meer entspringt.

Das eigentliche Naturspektakel ist leicht zu übersehen: Auf unserem Weg dorthin kamen uns sechs Wanderer entgegen – allesamt auf der vergeblichen Suche nach dieser sehenswerten Besonderheit. Es gilt, die Augen offenzuhalten! Dann entdeckt man vor dem Almgatter rechter Hand die Tafel »Naturdenkmal«, eine kleine Sitzgelegenheit und auf der gegenüberliegenden Bachseite diesen feinen, filigranen Wasserfall, der sich auf einer Länge von 100 Metern in die rauschende Urslau ergießt: Die feinen Bächlein ähneln zarten Perlenschnüren.

Dieses ungewöhnliche Naturschauspiel – das es nur einmal in dieser Form im ganzen Bundesland gibt – entsteht durch eine geologische Besonderheit. Durch die harte Gesteinsschicht tritt das Wasser durch einen waagrecht verlaufenden Quellhorizont zwei bis drei Meter oberhalb des Flusses aus. Wegen der ständigen Bewässerung haben sich in diesem Bereich zahlreiche Farne und Moose angesiedelt. Die üppige, in zig Grüntönen schillernde Vegetation wird bei Sonnenschein gekrönt durch grandiose Lichtspiele samt einem Heer von Regenbögen.

Wer die Wanderung ausdehnen möchte, gelangt über den Weg Nummer 32 zur nicht bewirtschafteten Enzenalm oder folgt dem Bachlauf in Richtung Hohe Tauernscharte.

KRIMIS AUS DER REGION
VON MANFRED BAUMANN

Jedermanntod
978-3-8392-1089-5

Wasserspiele
978-3-8392-1200-4

Zauberflötenrache
978-3-8392-1302-5

Drachenjungfrau
978-3-8392-1941-6

**Mozartkugel-
komplott**
978-3-8392-1773-3

Todesfontäne
978-3-8392-2345-1

**Marionettenver-
schwörung**
978-3-8392-2458-8

Jedermannfluch
978-3-8392-2722-2

Salzburgsünde
978-3-8392-0075-9

Salzburgrache
978-3-8392-0298-2